이 회사 더는 못 다니겠다고 생각하면서도
그만둘 수 없는 당신에게

이 회사 더는
못 다니겠다고
생각하면서도

그만둘 수 없는
당신에게

이노우에 도모스케 지음

송해영 옮김

시그마북스
Sigma Books

이 회사 더는 못 다니겠다고 생각하면서도
그만둘 수 없는 당신에게

발행일 2022년 9월 13일 초판 1쇄 발행
지은이 이노우에 도모스케
옮긴이 송해영
발행인 강학경
발행처 시그마북스
마케팅 정제용
에디터 최윤정, 최연정
디자인 김문배, 강경희

등록번호 제10-965호
주소 서울특별시 영등포구 양평로 22길 21 선유도코오롱디지털타워 A402호
전자우편 sigmabooks@spress.co.kr
홈페이지 http://www.sigmabooks.co.kr
전화 (02) 2062-5288~9
팩시밀리 (02) 323-4197
ISBN 979-11-6862-066-7 (03190)

들어가며

"쉬는 날에는 활기찬데 월요일 아침만 되면 우울해요."

"어제도 야근, 오늘도 야근. 정신을 차려 보니 저도 모르게 눈물이 나왔어요."

"지긋지긋한 인간관계부터 도를 넘은 업무량까지. 회사만 그만두면 벗어날 수 있겠지요. 하지만 동료들도 힘내는데 저만 도망칠 수는 없습니다. 노력하면 어떻게든 되지 않을까요."

여러분도 일이나 회사 때문에 속을 태우며 벼랑 끝에서 바둥거리고 있지는 않나요?

이 책은 열악한 근무 환경, 권위적인 상사나 선배, 까다로운 인간관계 때문에 퇴사를 고민하면서도 '수입이 끊기면 큰일이다' '다음 회사가 정해지지 않았다' '이직한 곳에서도 같은 상황이 반복될지도 모른다' 하고 퇴사 이후가 걱정되어 마지막 한 발짝을 내딛지 못하는 분들을 위해 썼습니다.

이미 퇴사하기로 마음먹은 사람부터 당장 그만두려는 건 아니지만 대비책을 미리 알아두고 싶다는 사람까지 두루 참고할 수 있습니다.

소개가 늦었네요. 저는 산업보건의이자 정신건강의학과 의사인 이노우에 도모스케입니다.

평소 정신건강의학과 의원에서 진료를 보는 한편, 산업보건의로서 한 달에 서른 곳 넘는 회사를 찾아갑니다. 주로 회사 내 인간관계 문제 등으로 힘들어하는 직원들의 이야기를 들어주고 상담에 중점을 둔 심리치료를 진행합니다.

이야기를 나눠보면 다들 여러 가지 고민에 시달리고 있습니다. 그중에는 겉으로도 증상이 나타나기 시작해 휴직이나 퇴사가 시급한데도 망설이는 사람이 드물지 않습니다.

"힘들면 관두지 그래?" 그렇게 말하는 이들도 있겠지요. 하지만 수많은 심리적 갈등이 얽혀 있다 보니 무 자르듯 단번에 해결되는 문제가 아닙니다. 갈등을 하나씩 풀어나갈 때 비로소 휴직이든 퇴사든 스스로 결과를 받아들일 수 있지 않을까요.

퇴사는 삶 전체를 놓고 보더라도 매우 큰 결정입니다. 고민하고 걱정하고 망설이는 게 당연합니다. 게다가 더 나은 곳으로 이직해서가 아니라 부정적인 이유로 그만둔다면 더 말할 필요 없겠지요.

인간은 집단에 속함으로써 고독이나 고립감을 느끼지 않으려는 욕구가 있습니다. 일을 그만두면 이러한 욕구를 채울 수 없으므로 불안감에 휩싸입니다. 그러다 보니 컨디션 난조가 며칠, 몇 주, 몇 달씩 이어져도 좀처럼 결단을 내리지 못합니다.

하지만 진료하다 보면, 회사를 그만둔다거나 위험한 상황에서 도망친다는 판단을 늦게 하는 바람에 마음의 상처를 입은 사람을 너무도 많이 만납니다. 앞으로 피해자가 단 한 명이라도 더 생기지 않았으면 합니다.

따라서 이 책에서는 제가 환자분들에게 실제로 처방하는 **'퇴사로 인한 불안이나 갈등을 없애는 방법과 마음가짐'**에 대해 이야기하겠습니다.

한때는 고민에 시달렸지만 "단골 병원에서 그런 것까지 해준다고요?" "회사를 그만둔 뒤 어떻게 지내야 할지 뚜렷해져서 불안한 마음이 사라졌어요!" 하고 도움이 되었다는 사람이 많습니다.

수많은 회사를 접한 산업보건의라서 할 수 있는 말입니다. **회사는 당신을 구해주지 않습니다.**

근무 환경이 열악한데다가 사원을 도구처럼 여기는 회사는 물론, 가족적이고 서로 도우며 일하는 회사도 직원의 건강까지는 돌봐주지 않습니다. 오히려 가족적인 회사일수록 동조 현상이 심해서 사내 분위기를 따라가지 못하면 점점 구석으로 밀려나기도 합니다.

친한 직원 개개인은 걱정스러운 눈길을 보낼지 몰라도, 회사 등의 법인은 원칙적으로 영리단체입니다. "아프면 다 낫고 와. 회사에 이익을 가져다줄 상태가 아니라면 우리와 함께 갈 수 없지. 몸조리 잘하고." 이러한 자세를 취할 수밖에 없습니다. 이것이 바로 회사라는 곳입니다.

어떤 회사에 있든 나를 구할 수 있는 사람은 나 자신뿐입니다. 자신의 몸을 지킬 수 있도록 지금 내가 처한 상황을 찬찬히 돌아

봅시다. 그런 다음 의사를 찾아가거나 휴직하거나 퇴사하는 등 자신이 행복해질 수 있는 방향으로 이 책의 내용을 실천합시다.

다만 당장 그만두겠다고 벼르거나 회사는 무서운 곳이라며 두려워할 필요는 없습니다. **세상에는 극악무도한 회사만 있는 것도 아니고, 나와 맞지 않을 뿐 별문제없는 회사도 많습니다.**

마음을 차분히 가라앉히고, 몸과 마음이 지쳤을 때는 강조한 문장만이라도 휘리릭 읽어 봅시다.

차례

제3장 몸이 보내는 위험 신호, 어떻게 대처하나요?

제 4 장 "오늘부로 퇴사하겠습니다!"

제 5 장 더 큰 추진력을 얻기 위한 휴식

제 6 장 퇴사를 결심했다면 이것만은 알아두자

제 1 장

고생 끝에 찾아온 것은… 번아웃 증후군?

당신은 이미 너무 열심히
하고 있지 않나요?

삶은 60점만 되어도 합격, 제가 입버릇처럼 하는 말입니다. 이는 일에서도 마찬가지입니다.

일을 즐기고 같은 회사에서 오래 일하는 사람을 보면 평소에는 힘을 살짝 빼고 일합니다. 마음 같아서는 여러분 모두 그렇게 일했으면 좋겠습니다.

학교나 학원에서는 100점을 받으려면 120점을 목표해야 한다고 말합니다. 이는 어디까지나 목표를 이루는 데 필요한 마음가짐입니다. 매일 하는 업무와는 사정이 다릅니다. 특히 영업직처럼 숫자를 좇는 직종에 종사하는 사람은 항상 120%를 지향하기 일쑤입니다.

평소 60%만 노력하면 연말처럼 바쁠 때 더욱 분발해서 힘을 80%, 100% 쏟을 수 있습니다. 100%를 기본 상태로 맞추면 정작 중요할 때 과부하가 일어납니다. "난 결정적인 한 끗이 모자라" "맡은 일을 해내지 못했어" 하고 자신을 탓하지 말고 **매일같이 전속력으로 달리지는 않았나 돌아봅시다.**

물론 지금까지 100%를 쏟아부으며 열심히 일한 사람에게 60%로 충분하다고 한들 어떻게 하면 좋을지 헷갈리겠지요. "대충 하라는 건가?" "100% 당시 실적에 따라 정해진 업무량인데?" 하고 망설이거나 "그럼 여태껏 해온 노력은 뭐지?" 하는 의문이 싹틀지도 모릅니다.

100% 노력해서 겨우 버티고 있다거나, 60%만 힘내면 일 못하는 사람으로 찍혀서 쫓겨날 거라고 생각하기도 합니다.

하지만 세상에 나를 망가뜨리면서까지 지

켜야 하는 직장은 없습니다.

몸과 마음이 고통을 호소한다면 60% 절전 모드로 일할 방법을 궁리해 봅시다. 직장 여건상 힘들다면 부서 이동, 휴직, 퇴직 등으로 '100% 열일 모드'를 한 번 리셋하기를 바랍니다.

부정적인 생각은
우리를 궁지로 몰아넣습니다

누가 봐도 심각한 상황인데 차마 퇴사하지 못하는 사람을 보면 무의식적으로 자신을 부정하는 경향이 있습니다.

'이 정도 일은 해내야지. 성과가 나오지 않는 건 내 노력이 부족해서야.'

'다들 힘들잖아. 나만 이 일에서 발을 빼거나 야근과 주말 출근을 거부할 수는 없어.'

'누구라도 좋으니 힘들다고 털어놓고 싶지만, 부정적인 말은 자제해야 해.'

이런 생각이 들 때는 없나요?

언뜻 보면 하나같이 건실하고 올곧은 감정입니다. 이렇게 언제나 노력하는 사람은 주변에서 '성실하고 착한 사람'이라는 평을 자주 들을 것입니다.

하지만 잠깐 기다려 보세요. 이러한 사고에는 다소 걱정스러운 공통점이 있습니다.

바로 잘못의 원인을 본인에게서 찾고, 부정적인 사고로 자신을 채찍질해서 일으켜 세운다는 점입니다.

몸과 마음에 여유가 있을 때라면 부정적인 사고를 밑거름 삼아 '내가 질까 보냐' '한 단계 레벨을 올리자!' 하고 의욕을 불태울 수 있습니다.

하지만 **이미 충분히 노력 중인데다가 심신이 지쳐 있을 때는 역효과를 낳습니다.**

나를 향한 부정적인 마음이 또 다른 압박을 만들어내고, 머리로는 알면서 실천하지 못하는 자신을 한층 옭아맵니다.

무척이나 걱정스러운 상태입니다.

여러분이 정답이라 여기는 가치관은 자신을 막다른 골목으로 몰아넣고 있지는 않나요.

머리로는 아는데 도저히 실천할 수 없을 때는 자신을 비난하는 대신 '지쳐서 그런가?' 하고 가볍게 생각하길 바랍니다.

문제는 다들 자신의 몸과 마음이 얼마나 지쳤는지 모른다는 사실입니다. 어렴풋이 알고 있지만 모른 척한다는 쪽이 더 정확하겠지요.

긍정적인 생각도
건강할 때나 할 수 있는 거예요

회사나 일에 관한 고민을 털어놓다 보면 "좀 더 긍정적으로 생각해. 훨씬 편해질 걸?"이라는 둥 "상사나 선배의 말을 너무 진지하게 받아들이는 거 아냐? 날 걱정해주는구나, 하고 고맙게 여기면 그만이지"라는 둥 별것 아닌 걱정 취급을 받을 때가 있지요.

아니면 "이 고비만 넘기면 성장할 수 있어. 그러니까 조금만 더 노력해 봐" 하고 나를 격려하는 듯한 조언을 듣기도 합니다. **유익한 조언인 건 알지만 도무지 받아들일 수 없다면, 벼랑 끝에 몰려 마음의 여유가 사라졌기 때문일지도 모릅니다.** '누가 그걸 몰라' '그게 안 되니까 고민하는 건데' 하고 부정적인 감정이 커진 끝에 내 기분은 알기나 하냐며 버럭 소리라도 지르고 싶어집니다.

그럴 때는 **인간의 뇌는 긍정보다 부정이 앞서기 마련**이라는 사실을 기억하세요.

우리의 뇌는 긍정적인 요소보다는 부정적인 요소가 기억에 남기 쉽습니다. 이는 인간의 생존본능과 방어본능에서 기인합니다. 부정적인 경험에서 나온 기억을 남겨두지 않으면 다음에 비슷한 일이 일어났을 때 제대로 대응할 수 없기 때문입니다.

누구든 간에 힘든 일이 계속되거나 커다란 정신적 충격을 받으면 그런 일이 또 벌어질지도 모른다는 비관적인 생각이 머리를 맴돕니다. 걱정하던 일이 발생하더라도 재까닥 대처할 만큼 마음에 여유가 있을 때만 미래를 낙관할 수 있습니다.

따라서 **억지로 긍정적인 자세를 취할 필요도, 고민이나 과제라고 해서 반드시 극복할 필요도 없습니다.** 지금까지 여러분은 자신에게 주어진 문제를 해결하려고 부단히 노력해 왔을 테지요. 아무리 해도 긍정적인 생각이 들지 않을 때는 힘을 빼고 쉬어봅시다.

'○○ 덕분에 산다' 라는 생각은 괜찮을까요?

부정적 사고를 긍정적 사고로 바꿀 때 가장 손쉬운 방법이 자신을 독려하는 것입니다.

속으로 기한을 정해서 '앞으로 n개월만 더 힘내자' 하고 희망의 끈을 붙잡는 것 자체는 나쁘지 않은 방법입니다. 막무가내로 내달리기보다는 기한을 명확히 정하는 쪽이 기분 전환에 도움이 됩니다.

문제를 미루지 않고 실제로 n개월 뒤에 결론짓는다면 말이지요.

하지만 '집에 돌아오면 고양이가 힐링시켜 주니까 괜찮아' '자기 전에 게임으로 스트레스 풀지 뭐' 하고 개인적인 낙으로 도피하거나 '나보다 힘든 직원도 많은 걸' 하고 다른 사람과 비교하면서 마음의 안정을 찾는다면 다소 걱정스럽습니다. 언뜻 바람직해 보이지만 본질은 다르기 때문입니다.

고양이나 게임이나 나보다 힘든 직원이 없으면 버티지 못할 테니 생각보다 훨씬 아슬아슬한 벼랑 끝에 서 있는지도 모릅니다.

'A가 나쁘더라도 B가 있다'라는 생각은 급한 불만 겨우 끌 수 있으며, 아무리 못 본 체해도 'A가 나쁘다'라는 상황은 사라지지 않습니다.

지금 여러분은 자신을 채찍질해서 기력과 체력을 마지막 한 방울까지 짜내는 단계에 이르렀습니다. 제 눈에는 벼랑 끝에 서서 겨우 버티는 것처럼 보이기도 합니다.

'벼랑 끝'은 바꿔 말하면 각자가 가진 한계선입니다. '인간의 한계를 넘어' '한계에 도전' 같은 표현을 자주 쓰지요.

하지만 정신건강의학과 의사가 보는 한계선은 절대 넘어서는 안 되는 경계선입니다. 넘으면 몸과 마음에 증상이 나타나 일상생활에 지장을 줍니다.

한계선 바로 앞까지 내몰리면 인간의 몸과 마음은 '위험 신호'를 보냅니다. 자신의 상태를 외면하지 말고 2장과 3장에서 다룰 '위험 신호'로 가늠해 봅시다.

왜 이렇게 일하기 힘들죠?
사무실에 가득 찬 숨 막히는 분위기

회사든 학교든 사람이 모여 이뤄지는 커뮤니티(집단)에는 '특유의 분위기'가 생깁니다. 휴가를 쓰기 힘든 분위기라든지 판매 실적을 우선시하는 분위기 등은 각 구성원에게 영향을 미치고, 그 분위기에 맞출 줄 아는 사람들의 생각이 '사회적 압력'으로 변해 압박이나 스트레스를 증폭합니다.

구성원의 가치관이 모이면 집단의 분위기가 됩니다.

우리는 어릴 적부터 '인간은 평등하다'라고 배웁니다. 하지만 '그건 허울 좋은 이야기일 뿐'이라고 생각하는 사람도 많습니다.

현실에서는 각자 능력이나 재능이 달라서 누구는 똑똑하고 누구는 운동을 잘합니다. 몸이 튼튼한 아이가 있는가 하면, 조심하는데도 툭하면 감기에 걸리는 아이도 있습니다. 그런데도 '평등'하니까 똑같은 시험을 보고, 점수가 낮은 아이는 "좀 더 노력해야지" 하고 꾸중을 듣습니다.

또한 아시아 국가에는 예부터 전해 내려오는 '연공서열'이라는 질서도 있습니다. 상하 관계가 중요하며, 능력이나 성품과 상관없이 윗사람을 존경하고 존중해야 한다는 암묵적인 룰입니다.

겉으로 드러나는 평등과 쉬쉬하지만 다들 공감하는 불평등. 연공서열이라는 질서와 존경하기 힘든 상사도 있다는 속내. 이에 더해 인간은 제각기 다르므로 개인차를 존중해야 한다거나 나이보다 능력으로 평가해야 한다는 가치관이 물 건너 들어왔습니다. 역시 21세기, 글로벌 시대답네요.

하지만 회사라는 곳은 사고방식을 쉽사리 바꿀 수 없습니다. 개인차를 인정하는 목소리 이면에는 "너만 쉰다고?"라며 평등을 강요하는 진심이, 능력주의를 강조하는 목소리 이면에는 "선배의 말은 절대적"이라는 진심이 깔려 있습니다.

이처럼 말과 속내가 뒤섞인 직장은 무척이나 숨 막히겠지요.

사회인이 되면 일에서 일정 수준 이상의 성과를 내야 한다는 의무감과 책임감을 느낍니다. 그 점이 **학생 때와 또 다른 정신적 부담으로 작용하는 탓에 회사 분위기를 따라가지 못하거나 자기 자신을 잃기 쉬워집니다.**

좋아하는 일로 돈을 버는데
왜 이리 고달프죠?

'분위기' 중에는 사회 전반에 흐르는 것도 있습니다. 언제부터인가 좋아하는 일을 직업으로 삼은 사람이 최고라는 목소리가 커졌습니다.

일을 신성시하는 분위기입니다.

유튜버를 부러워하는 이유도 좋아하는 일로 돈을 버니까 행복할 것이라는 생각 때문입니다.

하지만 좋아하는 일을 직업으로 삼더라도 매일 즐거운 일만 할 수는 없습니다. 머리를 싸매고 기획안을 짜내거나, 밤새 동영상을 편집하기도 합니다. 조회 수나 구독자 수 같은 숫자도 신경 써야지요.

　일이 뜻대로 풀리지 않거나 회의감이 들어도 좋아하는 일이니 불평불만을 토로해서는 안 된다는 분위기도 있습니다.

　직업을 통한 자아실현을 유독 신성시하게 된 데는 인터넷과 SNS 보급이 큰 영향을 미쳤습니다. 특히 요즘은 일상을 공유하는 데 그치지 않고 일과 관련된 글이나 동영상을 올리는 사람이 많아졌지요.

　그러다 보니 친구나 지인의 SNS 계정을 보고 '동기들은 자기 꿈을 찾아 노력하는데 나는 뭐 하고 있나' '벌써 해외 출장을 갈 정도로 중요한 일을 맡는다고?' '쟤가 올린 글, 엄청 인기 있네' 하고 자극을 받습니다.

사실 남에게 보이고 싶은 부분만 올리는데도 보는 사람은 그 점을 잊고 마냥 부러워하는 것이 SNS의 마법입니다. 인터넷 사회에서는 타인의 노력이나 성과가 금방 눈에 띄다 보니 자신을 남과 비교하며 중압감을 느끼는 사람이 늘고 있습니다.

한편 직업은 돈을 벌기 위한 수단이라고 선을 긋고 일상에서 행복을 추구하는 이들도 많습니다. 그런 사람이 좋아하는 일을 직업으로 삼은 사람보다 초라하다고 할 수 있을까요? **SNS에 올라온 사진이 그 사람의 전부가 아니듯이, 일 또한 인생의 전부가 아니랍니다.**

'자신의 축'을
세우는 방법

사회나 직장에 감도는 분위기가 거슬린다면 스스로 답을 내리고 싶기 때문일지도 모릅니다.

주변에서 A라고 말한다 해서 맹목적으로 따르는 대신 '정말 그럴까? B일지도 모르잖아' 하고 스스로 받아들일 수 있는 답을 구하려는 것입니다. 이는 지극히 자연스러운 현상이며, 더 나은 삶을 위해 필요한 지성입니다.

사회생활을 하다 보면 주변 사람과 의견을 같이하기 마련입니다. 터놓고 말해 주변 사람의 안색을 살피고 나서야 자신의 의견이나 행동을 정하는 것이지요. 한편 분위기에 맞추지 못하는 사람이 있으면 이상하게 여기며 모난 돌 취급을 합니다.

이것이 바로 회사를 숨 막히게 만드는 '사회적 압력'의 정체입니다.

주변의 분위기에 짓눌려 갑갑한가요? 그렇다면 우선 **'좋아하는 일과 좋아하는 것'을 생각나는 대로 50개를 적어 보세요.**

바다가 좋다, 텔레비전을 보면서 멍하니 있는 시간이 좋다, 몸을 움직일 때가 좋다, 친한 사람 몇 명과 술 마시는 자리가 좋다, 고양이가 좋다, 자상한 사람이 좋다, 넓고 환한 공간이 좋다, 치킨이 좋다, ○○의 목소리가 좋다…. 무엇이든 괜찮습니다.

그런 다음 50개를 쭉 살펴보고 어떤 경향이 있는지 생각해 봅니다. 이는 실제 상담에서도 활용하는 방법입니다. 100개를 요구하기도 하지만, 저는 50개만으로도 효과가 충분하다고 봅니다.

슬슬 '자신의 축'이 보일 것입니다. 주변 분위기에 휘둘리지 않고, 스스로 판단할 때 쓰는 '평가의 잣대' 말입니다.

예를 들어, '잠잘 때가 좋다'라는 사람이 매일같이 이어지는 야근 탓에 잠을 못 자고 있다면 무언가 대책이 필요합니다. 팀

플레이를 좋아하는데 혼자 묵묵히 일하고 동료와 경쟁해야 한다면 스트레스가 쌓일 수밖에 없겠지요.

'좋아한다'라는 감정에는 자신의 성격, 취향, 평가 기준 등이 드러납니다. 자신을 되돌아보거나 중요한 결정을 내릴 때 든든한 길잡이처럼 이 리스트를 활용해 봅시다.

위험 신호가 나타나면
퇴사를 한번 고민해 봅시다

이번 장은 일을 그만둬야 한다는 건 알지만 도저히 그만둘 수 없는 사람을 위한 조언으로 마무리하겠습니다.

퇴사하지 못하는 이유로는 용기가 나지 않아서, 주변에서 말리니까, 수입이 끊기면 곤란해서, 금방 재취업한다는 보장이 없어서, 이직한 곳도 악덕 기업일까 봐 등등 여러 가지가 있겠지요.

이것들이 여러분의 몸과 마음보다 중요한가요?

저는 일이란 '건강하고 행복한 삶'을 누리는 데 필요한 도구의 일종이라고 생각합니다. 터놓고 말해 돈을 버는 수단입니다.

세상에는 수많은 선택지가 있는데 '지금 하는 일이 아니면 안 돼' 하고 유일한 수단에 얽매여 있지는 않나요?

혹시 그만둬야 한다는 사실을 알면서도 계속 일하고 있다면 이미 몸과 마음이 한계에 다다랐을지도 모릅니다.

28쪽에서 "정신건강의학과 의사가 보는 한계선은 절대 넘어서는 안 되는 경계선"이라고 이야기했지요. 경계선을 넘으면 몸과 마음에 징후가 나타납니다. 이 징후는 우리의 의지가 닿지 않는 곳에서 심신이 보내는 비명 섞인 SOS 신호입니다.

위험 신호가 나타난다는 것은 지금 상태를 유지해서는 안 된다고 몸과 마음이 호소한다는 뜻입니다. 위험 신호의 종류와 특징, 각각의 대처법은 2, 3장에서 자세히 설명하겠습니다.

다만 대처법은 어디까지나 급한 불을 끄는 방법일 뿐, 위험 신호의 원인 자체를 해결하지는 못합니다. 상처가 심한데 진통제만 먹는 격이지요.

가장 중요한 것은 '퇴사할 때'가 왔음을 자각하는 것입니다.

자각했나요? 그렇다면 하루라도 빨리 회사를 나갈 수 있도록 행동에 나서야 합니다. 물론 '서두르지 말고, 자신을 나무라지 않고, 당장 할 수 있는 일부터' 해야겠지요.

여러분은 지금 웃고 있나요?

제 2 장

마음이 보내는 위험 신호, 어떻게 대처하나요?

상사가 너무 무서워서
회사를 못 가겠어요

'상사와 눈만 마주쳐도 짜증이 납니다' '상사만 생각하면 출근 시간이 두렵습니다'

누구나 한 번쯤 그렇게 생각하지 않을까요. 실제로 문진하다 보면 상사와 맞지 않아 회사를 못 가겠다는 분을 자주 봅니다.

회사를 두려워하는 가장 큰 원인은 인간관계입니다. 말도 안 되는 일을 시키거나 툭하면 언성을 높이는 상사와 함께 일하면 하루하루가 괴롭겠지요.

이때 상사와 원만하게 지내야 한다는 생각에 사로잡힌 나머지 어떻게 해야 친해질지 고민하며, 상대방의 비위를 맞추거나 환심을 사려는 사람이 있습니다. 하지만 그렇게 해서 성공했다는 사례는 본 적이 없습니다.

나는 다르다는 실낱같은 희망에 기대어 봐야 자기 자신만 피폐해질 뿐입니다.

매일 아침 무거운 발걸음으로 집을 나서는 당신에게 제가 하고 싶은 말은 **회사 가기 싫다는 자신의 마음을 부정할 필요는 없다**는 것입니다. 특히 '다들 잘만 다니는데 이런 생각이나 하다니, 난 한심해' 하고 자신을 비난해서는 안 됩니다. 무서워서 회사에 못 가겠다는 감정은 자신을 지키기 위해 내면에서 자연스럽게 우러나오는 반응입니다.

여러분이 지금 당장 할 일은 상사와 물리적으로 거리를 두는 것입니다. 무서운 상사보다 직급이 높은 사람과 상담하거나 부서 이동을 신청하는 등 회사 안에서 시도할 만한 방법이 있다면 총동원합니다. 요즘은 회사에 나가지 않고도 얼마든지 일할 수 있으니 재택근무나 원격근무를 타진해도 좋겠지요.

물론 회사에서 요구 사항을 들어주지 않거나, 직원 수가 적어 부서 이동이 어렵거나, 상담하고 나서도 아무 변화가 없는 등 현실은 녹록지 않습니다. 그렇다 하더라도 포기하지 마세요. 회사를 나간다는 방법으로 거리를 둘 수도 있습니다.

두려움을 극복하는 것이 뭐 대단한가요. 여러분의 마음은 진작부터 "제발 자기 몸을 지켜줘!" 하고 구조 요청을 보내고 있습니다. 그 목소리에 귀 기울이고 순순히 따릅시다. 지금 여러분이 할 일은 자기 자신을 지키고, 여차하면 도망치는 것입니다.

'또 혼나면 어쩌지'
나도 모르게 움츠러듭니다

상사에게 혼나거나 선배로부터 핀잔을 들어 침울해지고 나면,
그 기억은 마음의 상처로 남아 쉽사리 지워지지 않습니다.

우리는 억울하게 꾸지람을 들을 때는 물론이고, 목표에 미
치지 못하거나 실수하는 등 혼날 수밖에 없는 상황에서도 움
츠러듭니다. 25쪽에서 인간의 뇌는 긍정보다 부정이 앞서기
마련이라고 말했지요. 혼낼 사람은 생각도 않는데 '또 야단맞
으면 어쩌지' 하고 지레 겁먹는 것은, 타인이 강요하는 부정적
인 감정에 대비하는 방어 자세입니다. 누구나 겪는 당연한 현
상이므로 자신을 깎아내리지 않아도 됩니다.

혼난다는 것은 '타인의 잣대에 따라 평가받는 일'입니다.

잣대를 휘두르는 사람은 '마감 시간을 5분 넘겼으니 넌 끝이야' '기대보다 별로네? 감점' 하는 식으로 점수를 깎습니다. 면박을 주고 일부러 심하게 말하는 것도 감점 사실을 내세우려는 행동입니다.

'일일 미션' 제도를 만들어 남들이 멋대로 깎은 점수를 채워 보면 어떨까요. 타인의 채점에 일희일비하지 않도록 나만의 잣대로 자신에게 점수를 팍팍 얹어주는 거지요.

이때 점수의 기준이 되는 미션은 손쉽게 해낼 수 있는 일이 좋습니다. '비가 오는데도 출근했다' 1점, '졸음을 이겨내고 출근했다' 1점, '일을 평소보다 빨리 끝마쳤다' 1점. 이렇게 금방 실천할 수 있는 미션을 몇 가지 정하고, 3점을 얻으면 오늘이라는 하루에 합격 도장을 찍습니다.

더 나아가 '에스컬레이터 대신 계단을 이용했다'를 1점으로 치면, 일일 미션을 클리어하기 위해 '저녁에는 피곤하니까 출근할 때 계단을 이용하자' 하는 식으로 오늘을 어떻게 보낼지 궁리하며 발전적으로 지낼 수 있습니다. 당장 내일부터 일일 미션 제도를 습관으로 삼아 봅시다.

회의에 잡담에…
가능한 떨어져 가만히 있고 싶어요

회사 사람들과 어울리기 힘들다, 회의 도중 번뜩이는 의견을 말하려 해도 생각만큼 술술 나오지 않는다….

회사에서 대화하다 실수 한 번 안 해본 사람이 있을까요. 혹시 대화 자체가 지긋지긋하다거나 누가 말을 걸까 두려워 사무실에서 투명인간처럼 지내고 있다면, 자신의 상태를 돌아볼 필요가 있습니다. 지금 여러분은 과도한 스트레스에 치여 원래 모습을 잃어버리고 잠깐 다른 사람으로 살고 있는지도 모릅니다.

물론 벽을 치는 일 자체는 잘못이 아닙니다.

사람을 만나고 이야기를 나누는 일은 사실 꽤 많은 에너지를 소모합

니다. 손가락 하나 까딱할 기운도 없는데 '힘들어도 말해야 해' '사람들과 잘 지내야지' 하고 자신을 닦달해서는 안 됩니다. 이를 되풀이하다 보면 악순환에 빠져 나가떨어지고 맙니다.

대화를 거부하고 혼자만의 시간을 갖는 것을 거리낄 필요가 없습니다. 오히려 **힘을 모으는 데 집중한다는 점에서 바람직한 행동입니다.** 이러한 선택이 아무렇지 않게 받아들여지는 분위기가 만들어졌으면 하는 것이 제 바람입니다.

한편 말하지 않으면 소외될지도 모른다고 생각하는 사람이 많은데, 전혀 그렇지 않습니다. 대화는 5:5 비율일 때만 성립하는 것이 아니라 8:1 내지는 9:1이어도 얼마든지 굴러갑니다. **에너지 비축에 집중하는 시기에는 '잘 들어주는 사람'이 되면 어떨까요.** 회사에서 남의 이야기를 잘 들어주는 역할을 맡았다고 생각하는 거지요. 경청 자체가 일이니 굳이 나서서 말하지 않아도 됩니다. 다른 사람이 말하는 동안 맞장구를 치는 정도면 충분합니다.

어쩌면 지금 자신이 처한 상황을 비관적으로만 바라보고 있지는 않나요. '혼자 있는 게 뭐 어때서!' 하고 자포자기한 채 자신을 궁지로 몰아넣지 마세요.

중요한 일에는 손도 못 댔는데
시간만 흘러갑니다

물밀 듯 쏟아지는 일에 '내일이 마감이라고?' '그 일도 끝내
야 하는데…' '맞다, 메일에 답장해야지' 하고 허둥대다 보면
어느새 퇴근 시간. 하지만 하나같이 반쯤 하다 말아서 일 자
체는 거의 줄지 않았습니다. 그럴 때는 여덟 시간 넘게 대체
무엇을 한 건지 우울해집니다.

바쁘면 시간 감각이 없어진다는 사람이 많습니다. 이는 **피로
가 쌓여 두뇌 회전이 둔해졌기 때문일지도 모릅니다.** 이럴 때는 만
사 제쳐 두고 머리를 쉬게 하는 것이 중요합니다.

그리고 **업무 효율이 낮아서 고민이라는 사람을 보면 일의 우선순
위를 잘 매기지 못한다**는 공통점이 있습니다.

내 이야기 같다면 출근하자마자 제일 먼저 '오늘 할 일'이 무엇인지 있는 대로 종이에 써 봅시다.

우선순위를 정하는 기준은 '긴급도'와 '중요도'입니다.

우선순위가 가장 높은 일은 **긴급도가 높으면서 × 중요도도 높은 일**입니다. 2순위부터는 다음과 같습니다.

- 긴급도는 높으나 × 중요도는 낮은 일
  → 마음만 먹으면 금방 해치울 수 있는 일
- 긴급도는 낮으나 × 중요도가 높은 일
  → 서두를 필요는 없지만 실수하면 안 되는 일
- 긴급도가 낮으면서 × 중요도도 낮은 일
  → 틈날 때 해도 되는 일

당장 처리할 일은 우선순위 맨 위에 있는 일입니다. 급한 일을 집중해서 끝낼 수 있도록 하루 일정을 짜면 좋겠지요.

할 일을 적다 보면 목록이 끝없이 이어져 '다 할 수 있을까?' 걱정되기도 합니다. 그럴 때는 주저하지 말고 다른 사람에게 도움을 구합시다.

일에 쫓겨 시간 감각이 없어진 사람은 언제 도와달라고 할
지 망설이다가 타이밍을 놓치기 쉽습니다. 마감까지 시간이
많으면 상대방도 일정을 조정하기 수월하므로 흔쾌히 도와줄
수 있습니다. 안 되겠다는 생각이 들면 곧바로 주변에 도움을
요청합시다.

일이 너무 많아서
눈물이 나올 지경이에요

매사 노력하는 여러분은 회사에서도 믿음직스러운 존재일 것
입니다. 그렇다 하더라도 쉴 틈 없이 일을 떠맡다 보면 '왜 나
만 고생하는 거지?' 하고 회의적인 생각이 들 테지요.

　부정적인 마음에 사로잡히는 것은 한계에 다다랐기 때문입
니다. **이럴 때는 주변에 도움을 요청해야 합니다.** 물론 성실한 성격
탓에 도와달라는 말이 좀처럼 나오지 않겠지요. 상사나 동료
에게 직접 부탁할 수 있다면 다행이지만, 막상 얼굴을 마주하
면 긴장 탓에 좀처럼 입이 떨어지지 않습니다.

　가장 손쉬우면서 부담 없는 방법은 메일입니다. 전화가 더 편하다
면 전화로 해도 괜찮습니다.

도움을 요청할 때는 한계에 부딪혔다는 사실을 솔직하게 털어놓습니다. 다만 "이게 말이나 됩니까? 도저히 못 하겠습니다!" 하고 성내지 않도록 조심해야 합니다. 당장은 도움을 받을지 몰라도, 애꿎은 사람에게 화풀이하는 것처럼 보이므로 이미지가 나빠질 수 있습니다. 마감을 지키지 못하는 것은 여러분 탓만이 아닙니다. 주변 잘못도 어느 정도 있습니다. 그렇다고는 해도 도움을 구할 때는 기본적으로 부탁하는 자세를 취해야 합니다.

그리고 못 하겠다고만 덜렁 내뱉는 대신 "다음 주 화요일까

지는 할 수 있습니다" "데이터 대조만이라도 부탁드립니다" 하는 식으로 **일을 해내는 방법에 초점을 맞춰 상담해도 효과적입니다.** 부탁받는 사람도 "이번 주 중으로 필요하니까 내가 도와줄게" "정 힘들면 다른 사람한테 맡기지" 하고 여러 가지 방법을 궁리할 수 있으므로 일을 떠맡기 쉬워집니다.

이렇게나 부탁했는데 아무도 도와주지 않는다? 그냥 그런 동료고 그런 회사인 겁니다. 그런 곳에서 여러분의 능력과 시간을 허비할 필요는 없습니다. 고생하다가 몸과 마음이 망가지기 전에 도망치는 쪽이 낫습니다.

질문을 하거나 휴가를 쓰면
다들 싫어하지 않을까요?

일하다 궁금한 점이 생겨도 '말을 걸면 귀찮아하겠지' '겨우 이런 걸 물어봐도 될까' 하는 생각에 질문하지 못하고, 내가 쉬면 다른 사람이 피해를 볼지도 모른다는 죄책감에 휴가를 쓰지도 못합니다. 더 나아가 다른 직원에게 폐를 끼칠지도 모른다는 걱정에 다 쓴 사직서를 도로 집어넣습니다.

'내 생각을 어떻게 알았지' 내심 뜨끔하지는 않았나요.

주변에 민폐를 끼칠 것을 마음에 둔 나머지 자신을 나무라는 사람이 많습니다. 여러분도 그들과 마찬가지로 무척이나 착하고 성실한 사람일 테지요.

다른 사람에게 피해를 줄까 봐 지나치게 걱정하는 사람을 보면 어릴 적 부모님이나 학교 선생님에게서 "다른 사람에게 민폐를 끼쳐서는 안 된다"라는 말을 들으며 자란 경우가 많습니다. 그 가르침이 중요한 가치관으로 자리 잡고 만 것입니다. 다른 사람에게 민폐를 끼치면 안 된다는 말은 곧, 다른 사람에게 의지하면 안 된다는 뜻입니다. 이러한 가치관에 얽매이면 다른 사람에게 기대는 법을 잊어버립니다.

사람은 서로 민폐를 끼치며 살아가는 존재입니다. 평생 남에게 피해를 전혀 주지 않고 살기란 불가능합니다. 서로 피해를 주고받는 일이 당연하기에 내가 힘들 때 도움을 요청하거나, 곤란한 사람에게 어깨를 내줄 수 있습니다.

여러분도 자신의 밑바탕에 깔린 가치관을 '민폐 좀 끼칠 수도 있지' '힘들 때는 다른 사람에게 기대자'로 고쳐 쓰길 바랍니다.

그리고 자신이 남에게 피해를 주고 있다고 느끼더라도 너무 자책하지는 마세요. **힘든 일을 혼자 떠안지 말고, 도움이 필요할 때는 SOS를 칩시다. 다른 사람의 도움을 받아 여유가 생기면 그때는 여러분이 힘든 사람을 돕거나 보듬어 주면 되니까요.**

마지막으로 회사에 피해를 줄까 봐 퇴사하지 못하는 사람에게 하고 싶은 말이 있습니다. 당신이 그만둔다고 해서 회사가 망하지는 않습니다. 하지만 지금처럼 계속 무리하다가는 당신의 몸과 마음이 망가집니다. 회사 일은 '나를 대신할 사람쯤은 금방 구하겠지' 정도로 가볍게 여기는 것이 정답입니다.

회사에 제 자리가 없고
다들 절 싫어하는 것 같습니다

회사에 자기 자리가 없다고 느끼는 것은 자신에게 있어 회사
가 '마음 놓을 만한 안전한 곳'이 아니기 때문입니다.

특히 과로나 우울증으로 회사를 쉬었다가 돌아온 뒤에는 누
가 나를 쳐다보기만 해도 '날 혼내려는 걸지도 몰라' '답 없
는 인간이라고 생각하겠지' 매사 의심스럽고, 자상하게 대하
면 대하는 대로 시한폭탄 취급을 받는 것 같아 걱정됩니다.

이는 휴직했다는 사실을 포함해 자기 자신을 받아들이지
못한 탓에 자신감을 잃었기 때문입니다. 주변의 평가와 관계
없이 자신을 불필요한 존재이자 회사와 어울리지 않는 사람
이라고 낮잡아 보는 것이지요.

이럴 때는 회사를 마음 놓을 만한 안전한 곳으로 만드는 일이 먼저입니다. **내 옆에 '주변 사람이 마음 편히 머물 자리'를 마련하는 것입니다.** 무엇을 해야 좋을지 감이 잡히지 않겠지요. 하지만 어렵지 않습니다. "너한테는 진짜 내 모습을 보여주고 싶어" 그렇게 전하면 됩니다. 말로 해도 좋고, 행동으로 보여줘도 좋습니다. 이러한 메시지를 받았을 때 싫어할 사람은 없습니다. **다른 사람이 마음 편히 머물 자리를 만들어 주면 그 곁에 '여러분의 자리'도 생깁니다.**

나와 함께 있으면 기분이 좋아진다는 사람이 있습니다. 그 사람이 행복해지면 나도 행복해집니다. 이것이야말로 아무런 걱정 없이 모두가 마음 편히 머물 수 있는 자리입니다.

사무실을 둘러보세요. '자리'를 마련해 주고 싶은 사람이 있나요. 같은 부서 사람이 아니어도, 가끔 만나는 사이라도 괜찮습니다. 반드시 함께 일하는 사람 중에서 찾지 않아도 되니 모든 가능성을 열어 두고 회사 안을 둘러봅시다.

기준은 그 사람을 떠올렸을 때 '이 사람도 행복해졌으면 좋겠다'라는 생각이 드느냐 아니냐입니다. 그런 사람이 한 명도 보이지 않으면 더 매달릴 필요 없습니다. 퇴사 준비에 집중할 시간입니다.

주변에 고민이나 불평불만을
털어놓을 사람이 없어요

고민이나 불평불만과 같은 가슴 속 응어리를 혼자 끌어안는 일은 바람직하지 않습니다. 남에게 털어놓지 않고 꾹꾹 참다가는 스트레스로 인해 컨디션 난조나 우울증에 시달릴 수 있습니다. 일과 관련된 문제라 해도 가족이나 친구 등 가까운 사람 중에서 마음을 터놓을 만한 사람이 있다면 여러분을 괴롭히는 걱정거리를 솔직하게 이야기합시다.

달리 상담할 사람이 없거나 남에게 말하기 힘든 고민일 경우 정신건강의학과나 심리상담센터를 찾아가 정신건강의학과 의사나 심리상담사에게 전부 쏟아냅시다.

구체적인 증상이 있는 것도 아닌데 병원에 가기는 다소 꺼려

질지도 모릅니다. 이런저런 이야기를 나누러 간다는 마음으로 가볍게 들르면 됩니다.

 고민을 털어놓기만 해도 훨씬 편해진다는 말은 사실입니다. 저는 여러분이 고민 상담을 통해 다른 사람과 힘든 일을 나누면 마음이 얼마나 가벼워지는지 경험했으면 합니다.

 '이야기하니까 속이 다 시원하네' 그 사실을 깨닫고 나면 평소 업무 이야기만 나누던 사람에게도 자신의 말을 들어 달라

고 할 용기가 생깁니다. 그다음부터는 상담 상대로 전문가를 고집할 필요가 없습니다. 물론 다시 한번 의사나 상담사를 찾아가 상담을 받아도 괜찮습니다.

회사에 산업보건의가 있으면 한 번쯤 찾아가 보기를 권합니다. 몇몇 사람들은 산업보건의를 꺼리기도 합니다. 산업보건의인 제가 말하기는 조금 그렇지만, 산업보건의를 활용하지 않는 것은 무척 아까운 일입니다. 산업보건의는 그 회사의 특성이나 조직 문화를 잘 알고 있으므로 구체적인 해결책을 제시할 수 있으며, 힘닿는 데까지 발 벗고 나서기도 합니다. 이왕 있으니 산업보건의를 알차게 활용합시다.

집에서도 일이 머리를 떠나지 않고 출근만 생각하면 불안합니다

"쉬는 날에도 일 생각이 머리를 떠나지 않아 마음 편히 놀 수가 없어요" "다음 주에 하려고 미뤄 둔 일 때문에 고민하다 보니 어느새 일요일 저녁이네요" 이처럼 온과 오프를 넘나들지 못해 휴일에도 마음 편히 쉬지 못한다는 하소연을 자주 듣습니다. 일요일 밤만 되면 마음이 무거워지고 다가올 한 주가 불안하다는 사람도 많지요.

쉬는 날에 일에 대해 생각하는 것은 어느 정도 어쩔 수 없다고 생각합니다. 그만큼 일에 대한 열정이 있다는 의미니까요. 생각하지 말라고 하면 오히려 더 떠오를 것입니다. 물론 일 생각만 하느라 주말을 허비하는 것은 아깝기 그지없지요.

쉬는 날까지 일 생각에 사로잡힌 여러분께 좋은 방법을 알려드리겠습니다. 일요일 오전이나 토요일 밤처럼 휴일 중 시간을 정해 **'일하는 과정에서 불안한 것과 신경 쓰이는 것'을 떠오르는 대로 솔직하게 써 보는 것입니다.**

머릿속으로 그리기만 해서는 오래 고민해 봐야 생각이 좀처럼 정리되지 않습니다.

결론을 내리더라도 조금만 지나면 마음이 바뀌어 다시 출발점으로 돌아갑니다. 종이에 적어서 시각화하면 이러한 제자리걸음이나 시간 낭비를 막고 불안감을 없애는 데 도움이 됩니다.

막연한 생각을 기록해서 일단 의식 바깥으로 끄집어내면 다음부터는 그 내용을 처음부터 죽 읽어서 머릿속에 되돌려 놓을 수 있습니다. 그러면 생각이 쉽게 정리되므로 '이 일은 이렇게 하면 해결할 수 있어' '이 문제는 지금 고민할 필요 없지' 하고 이후 계획을 세우거나 적극적으로 노력할 힘이 생겨납니다.

휴일 다음 날 출근이 걱정된다면 자기 전 몇 시간 동안 미리 업무 모드로 들어가서 할 일 목록이나 현안 사항을 적어 보는 것도 좋은 방법

입니다. 멍하니 있다가 찜찜한 기분을 안고 이불 속에서 뒤척일 때보다는 훨씬 가벼운 마음으로 다음 날을 맞이할 수 있답니다.

쉬는 날에는 온종일 잠만 자며
허무하게 시간을 보내버려요

'쉬는 날까지 일에 얽매이면 안 된다' '휴일을 알차게 보내야 한다'고 생각한 나머지 스스로 압박을 느끼는 사람이 많습니다. 온과 오프를 오가며 휴일은 취미에 모든 걸 쏟아붓는 라이프 스타일을 동경하는 분위기 때문일지도 모릅니다. 하지만 쉬는 법에 정답은 없습니다. 취미나 스포츠를 즐겨야만 휴일을 알차게 보내는 것은 아닙니다.

쉬는 날 일 생각을 해도, 온종일 침대와 하나가 되어도 괜찮습니다. 주말이라고 해서 꼭 기분 좋게 보내야 한다는 법은 없습니다. 일 때문에 걱정스럽고 불안한 것도 자연스러운 일입니다. 그런 생각이 떠오른다고 해서 자신을 너무 다그치지는 마세요.

그리고 집에서 하려고 가져온 일에 손도 못 댔다며 죄책감을 느끼는 사람도 있는데, 이 또한 너무 마음에 둘 필요 없습니다. 그 일이 그렇게 급한 일인가요? 상사는 여러분이 집에서도 일을 한다는 사실을 알고 있나요? 한시가 급한 일이라면 무슨 수를 써서라도 끝마쳤겠지요. 그렇지 않다는 것은 무의식적으로 '당장 안 해도 어떻게든 되겠지' 하고 생각했기 때문일지도 모릅니다. 그러니 일하려고 마음먹었는데 하지 못했다느니 게으름을 피웠다느니 자신을 나무랄 필요가 전혀 없습니다.

그 일을 하지 않은 것은 마감까지 여유가 있다는 사실을 어렴풋이나마 알고 있기 때문입니다. **괜히 마음이 급해져서 집까지 가져오긴 했지만 초조함에 휩쓸리지 않고 휴일을 즐기기로 한 것이지요.** 저는 여러분의 결심에 박수를 보내고 싶습니다. 기간 내에 끝내기만 하면 아무 문제없으니까요.

자신을 부정하는 대신 '이왕 쉬는 거 푹 쉬어야지, 잘했어' 하고 가벼운 마음으로 보듬어 주며 하루하루를 보내길 바랍니다.

내일 아침 회사가 망해 버렸으면 좋겠다는 생각이 듭니다

출근하기 싫거나 일이 힘들 때면 터무니없다는 건 알지만 '회사가 폭발했으면 좋겠다' '사옥에 운석이라도 하나 안 떨어지나' 하는 생각이 듭니다. 혹은 '출근하다가 땅이 훅 꺼지면 회사 안 가도 될 텐데' 하고 자신에게 불행이 닥치기를 바라기도 합니다.

스트레스를 해소시키기 위한 망상에 불과하다는 사실을 알면서도 자주 그리고 꽤 진지하게 바라고 있다면 자신의 상태를 돌아볼 필요가 있습니다.

망상의 내용은 사람마다 다르지만, 따지고 보면 나를 괴롭히는 환경 자체가 없어졌으면 하는 마음이 만들어낸 생각입니다. **극한의 상황에 놓여 있으니 얼른 도망쳐야 한다는 본능에서 비롯된 반응인 셈이지요.**

여러분은 지금 스스로 생각하는 것보다 훨씬 더 궁지에 몰려 있는지도 모릅니다. 스트레스에 대한 반응이 평소와 다른 걸 보면 전반적으로 살얼음판을 걷는 듯 아슬아슬한 상태 같기도 하고요. 내 마음은 진작 백기를 들었는데 애써 못 본 척하고 있지는 않나요.

현실적으로 회사가 갑자기 폭발하거나 회사 건물만 노려서 운석이 떨어질 일은 없습니다. 출근길이 갑자기 무너져 내릴 확률도 극히 낮습니다. 벌어지지도 않을 일을 기다리기만 해서는 언제까지고 행복해질 수 없을 것입니다.

비현실적인 망상이 자꾸 떠오르는 것은 회사에 대한 불평불만이 쌓여 있거나, 무엇이든 뜻대로 이뤄지지 않아 마음이 지쳤기 때문입니다. 자신이 지금 지친 상태임을 자각하고, 자신을 북돋아 줄 방법을 생각합시다.

밤에는 잠을 잘 자고 있나요?

출근하는 동안 속이 메슥거리거나 가슴이 두근거리지는 않나요?

갑자기 슬퍼지거나 이유 없이 눈물이 나온 적은 없나요?

어쩌면 컨디션 난조가 몸 여기저기에서 드러나고 있을지도 모릅니다. 짚이는 곳이 있다면 3장 '몸이 보내는 위험 신호'도 참고해서 몸과 마음의 건강을 되찾읍시다.

아무리 해도 섬뜩한 망상이 사라지지 않는다면 눈앞에서 회사를 없애는 방법을 고민해 봅시다. 맞습니다. 회사를 그만두는 것입니다.

잘나가는 사람만 보면
배가 아파서 참을 수 없어요

다 같이 잘되었으면 좋겠다는 마음 한편에 동료나 후배가 어려운 일을 해내거나 상사의 신임을 얻으면 어딘가 달갑지 않고 내심 '안 좋은 일이라도 당했으면…' 하는 생각이 들기도 합니다.

지쳐서 여유가 사라지면 무엇이든 부정적으로 받아들이게 되어 음침한 감정이 들끓습니다. 벼랑 끝까지 내몰린 탓이겠지요. 다만 걱정스러운 것은 사고의 방향이 내가 있는 곳으로 남을 끌어내리겠다는 쪽으로 나아간다는 점입니다.

내 일이 잘 풀리지 않으니 다른 사람도 나만큼 불행했으면 좋겠다? 이는 무척이나 위험한 생각입니다.

물론 나와 달리 하루하루 행복한 사람을 보고 얄밉다거나 치사하다고 느끼는 것 자체는 어쩔 수 없습니다. 마음이 지쳤을 때 나타나는 방어 기제 중 하나니까요. 떠오르는 생각은 막을 수 없다손 치더라도, **생각이 행동에 드러나지 않도록 조심해야 합니다.**

예를 들어, 부서 전체가 매달리는 일이 한창 바쁜데 여섯 시가 되자마자 슬그머니 퇴근하거나 다들 열심히 논의하는 동안 멍하니 있는 등 눈에 띄게 행동하는 지경에 이른다면 마음에 금이 가기 시작했다고 볼 수 있습니다.

당신은 원래 무척이나 성실한 사람이었을 것입니다. 남을 흉보거나 제멋대로 행동하는 일은 가치관과 맞지 않을 테지요.

그런데 지금 다른 사람의 발목을 잡거나 남의 말에 괜한 트집을 부리고 있다면 **'나를 이렇게 만든 것'이 무엇인지 고민하고 이를 해결해야 합니다.**

여기서 하나 더 명심할 점이 있습니다.

잘나가는 사람들도 사실 남이 보지 않는 곳에서는 고민을 떠안은 채 죽을힘을 다해 발버둥 치고 있을지 모릅니다.

힘들 때는 자기 일만으로도 벅찹니다. 시야가 좁아지다 보니

다른 사람의 생각이나 환경, 남모르게 하는 노력과 고생에 눈길을 줄 겨를이 없지요. 게다가 욕구불만이 쌓일수록 혼자 저만치 앞서나가는 이들에 대한 증오도 쌓입니다.

요즘 SNS와 같은 인터넷상에서는 알지도 못하는 사람을 집요하게 괴롭히는 사이버 불링(cyber bullying)이 늘고 있습니다. 특히 연예인처럼 화려한 삶을 사는 거 같은 사람이라면 작은 불똥만 일어나도 한마디 하겠답시고 우르르 몰려갑니다. 연예면에 실린 사건 사고 소식을 볼 때마다 왠지 기분이 좋고, 기사나 SNS에 댓글을 남기는 일이 오락처럼 느껴진다면 이 또한 위험한 징조입니다. 스트레스가 쌓여 폭발 직전이라는 뜻이지요.

지금 손쓰지 않으면 몸과 마음이 망가지는 것은 물론이고, 평판이나 대인관계가 나빠져 사회생활에 문제가 생길 수 있습니다.

'내 얘기 같은데' 그렇게 느꼈다면 36쪽에서 적은 '좋아하는 일과 좋아하는 것' 목록을 다시 꺼내 보세요. 하나만으로 효과가 없다면 2~3개를 병행해도 좋습니다. 록 음악을 큰 소리로 들으며 좋아하는 치킨을 먹은 다음 한숨 푹 자는 식으로 말이지요.

　이마저 힘들 정도로 바쁘다면 진짜 위기 상황입니다. '忙(바쁠 망)'이라는 한자를 뜯어보면 '마음(心)을 잃은(亡)' 상태라는 뜻입니다. 그럴 때는 망설이지 말고 정신건강의학과나 심리 상담소를 찾아가 상담을 받아 보세요.

아무도 만나고 싶지 않아서
사람 자체를 만나려 하지 않네요

"어찌어찌 출근은 하지만 휴일까지 사람을 만나고 싶지는 않습니다"

"가족과 지내거나 가게 직원과 간단한 대화를 나누는 것조차도 벅찹니다"

이처럼 다른 사람과 부대끼고 싶지 않다는 바람이 커지다 못해 교류 자체를 차단한 채 지내고 있다면 자신을 돌아볼 필요가 있습니다.

다른 사람과 만나기를 피하는 것은 우울증의 징조 중 하나입니다. 마음이 불안정할 때는 다른 사람을 상대할 여유도 없거니와 지금 자신의 모습을 남에게 보이고 싶지 않지요. 그러다 보니 다른 사

람과 만나는 일이 버거워집니다.

여러분이 우울증인지 아닌지 지금 진단할 수는 없지만, 몸과 마음의 에너지가 바닥나 위태로운 상황인 것만은 분명합니다.

물론 누구와도 만나고 싶지 않다는 생각 자체는 문제가 없습니다. 무슨 일이 있어도 자신을 부정하지는 마세요. 지금은 내 마음의 호소를 있는 그대로 받아들여야 합니다. **혼자 있고 싶을 때는 괜히 무리하지 말고 혼자 있는 것이 가장 좋습니다.**

다른 사람과 만나는 일은 사실 꽤 많은 에너지를 요구합니다. 얼마 남지 않은 에너지로 어떻게든 버티고 있는데 바닥까지 싹싹 긁어다 썼다가는 다음 날 아침 일어날 수 없을지도 모릅니다.

자신을 끊임없이 채찍질한다고 해서 좋은 결과가 나오지는 않습니다. 조금 남은 힘은 아끼고 써 버린 힘은 충전할 수 있도록 한 번 쉴 때 제대로 쉬었으면 하는 바람입니다.

원격근무가 가능하다면 재택근무를 요청하는 방법도 있습니다. **회사 사람과 만날 일만 없어져도 회복에 큰 도움이 되겠지요.**

회사 사정상 힘들다면 푹 쉴 수 있는 환경을 조성하기 위해 큰맘 먹고 휴직이나 퇴사를 고려해 보는 것도 좋습니다.

그리고 적절한 치료를 받기 위해서라도 가능한 한 빨리 병원에 가 봅니다. 아무와도 만나고 싶지 않겠지만 의사는 예외입니다. 병원에 가면 작으나마 희망의 빛이 보일 것입니다.

어떻게 하면 죽을 수 있을까, 나도 모르게 그런 생각이 듭니다

미리 말해 둘게요. 문득 죽고 싶어졌다거나, 당장 죽고 싶지는 않지만 죽어도 별 상관없을 것 같다거나 하는 마음을 억지로 덮어 누를 필요는 없습니다. 머릿속에 그런 생각이 떠오른다면 애써 떨쳐내지 말고 그대로 놔둡니다. **시간이 흐르기만을 기다리면서 말이지요.**

누구나 무서운 생각이 머리를 스칠 때가 있습니다. 하루하루를 살아가다 보면 내 뜻대로 되지 않는 날도, 실패에 실패를 거듭하는 날도 있는 법이지요. 죽고 싶다는 생각이 드는 것도 어떻게 보면 당연한 일입니다.

문제는 자살 방법이나 장소까지 머릿속에 그리는 상태입니다.

막연히 죽고 싶다고 생각하는 데 그치지 않고 구체적인 과정까지 고민한다면 큰일입니다. 힘들 때는 시야가 좁아지다 보니 편해지는 방법은 단 하나, 죽음뿐이라는 생각에 사로잡힙니다. 하지만 일을 그만두거나 휴가를 내거나 병원에 가거나 다른 사람의 도움을 받는 등, 주변만 해도 수많은 선택지가 있습니다. 당장 문제를 해결하기는 힘들겠지만 **힘든 상황에서 벗어날 방법은 얼마든지 있으니** 순간적인 감정에 현혹되지 않기를 바랍니다.

원인이 분명하다면 그 원인만 없애면 그만입니다. 원인이 회사나 일이라면? 휴직이나 퇴사를 강행하면 됩니다. 나를 괴롭히는 요인에서 멀어지는 것이 중요합니다.

인생은 재미있습니다. 예상하지 못한 순간에 즐거운 일과 맞닥뜨리기도 하지요. 여러분도 지금까지 살면서 몇 번이나 경험했을 것입니다. 행복은 나도 모르는 사이에 성큼 다가와 있습니다. 그러니 여러분도 '내 행복은 지금쯤 어디에 있을까' 하고 느긋한 마음으로 기다리면서 매 순간을 소중히 여겼으면 좋겠습니다.

당신은 지금 끝이 보이지 않는 터널을 지나고 있습니다. 회사 따위 그만둔다 한들 아무도 뭐라 할 수 없습니다. 내 인생은 내 것이니까요. 이 세상에 나 자신보다 중요한 것은 어디에도 없답니다.

혼나는 게 좋은 사람이 어디 있겠어요.
저도 엄청 싫은 걸요.

제 3 장

몸이 보내는 위험 신호, 어떻게 대처하나요?

저답지 않게 어이없는 실수를
계속 되풀이합니다

세상에 실수 한 번 안 하는 사람이 어디 있을까요. 때로는 잠깐 한눈파는 사이에 실수가 이어지기도 합니다. 스스로 믿기지 않을 만큼 어이없는 실수를 하고 나면 만회를 하기 위해 아등바등하다가 더욱 큰일을 저지르고 맙니다. 바로잡으려고 안달복달할수록 실수는 쌓여만 가지요.

평소와 달리 터무니없는 실수를 되풀이하고 있다면 머리가 완전히 멈춰 버린 상태일지도 모릅니다.

먼저 지난 2주 동안 밤마다 잘 자고 있는지 되짚어 봅시다. 분명 수면시간이 충분하지 않거나, 잠에 빠지기까지 오래 걸리거나, 자다가 자주 깨는 등 어딘가 걸리는 구석이 있을 것입니다.

95쪽 '숙면을 위한 네 가지 방법'을 따라 하는 것도 좋지만, 그 전에 수면시간 자체를 충분히 확보해야 합니다. 열심히 일한 머리를 쉬게 해 주세요.

지금 하는 일이 자신의 특기와 동떨어져 있어도 실수가 나올 수 있습니다.

회사에 다니다 보면 자신의 전공이나 특기를 살리기 힘든 부서에 배치되기도 합니다. 규모가 작은 회사에서는 지금까지 회계 일만 해 온 사람이 정신을 차려 보니 영업용 프레젠테이션 자료를 만들고 있었다느니 하는 일도 드물지 않습니다. 익숙하지 않은 일을 처음부터 완벽하게 해내는 쪽이 이상하지 않을까요.

그런데도 누가 실수를 지적하면 점점 움츠러들고, 이는 또 다른 실수를 불러옵니다. 악순환이 '나와 맞지 않는 일'에서 비롯된다는 사실을 모르는 사람이 많습니다.

'내가 잘하는 일'은 무척이나 중요한 포인트입니다.

일에 대한 동기는 내가 잘하는 일을 해내서 상사나 고객으로부터 고맙다는 말을 들을 때에도 생깁니다. 그런 낙조차 없으면 의욕은 꺾이고 실수도 좀처럼 줄어들지 않겠지요. 여러분도 지금 자신의 위치를 다시 점검해 보세요. 일이 나와 맞지 않는다면 회사에 부서 이동을 타진하거나 이직을 고려하는 등 신나게 일할 수 있는 환경을 목표로 삼았으면 합니다.

퇴근하고 나면 집안일은 하는 둥 마는 둥 그저 멍하니 있습니다

일과 삶의 균형, 중요하지요. 하지만 집에 돌아가면 한참을 멍하니 있다가 샤워만 겨우 마친다거나, 당장 해야 하는 집안일을 해치우고 나니 취미를 즐길 시간이 없다면 저녁 시간을 알차게 보내려고 애쓰지 않아도 됩니다.

　이런 사람들은 '녹초 상태로 퇴근하는 것'이 기본 설정으로 자리 잡았는지도 모릅니다. 일반적으로는 자신의 에너지 소비, 회복 패턴을 되돌아본 다음 소비량이 회복량을 넘지 않도록 유의하라고 조언하겠지만, 저녁 시간을 오롯이 회복에 쏟아붓고 있다면 다른 방법이 필요합니다. 한시라도 빨리 지금 상태에서 벗어나는 것입니다.

우선 같이 일하는 친한 선배나 동료에게 지금 상황을 솔직하게 이야기해 봅시다. 털어놓을 만한 상대가 없다면 말이 잘 통하거나 내 마음을 알아줄 것 같은 사람도 괜찮습니다.

직접 만나서 말하기 힘들거든 '이러이러한 일 때문에 고민입니다' 하고 메일을 보내도 됩니다.

이 방법을 통해 회사의 민낯을 파악할 수도 있습니다. 일 때문에 힘든 동료가 SOS를 치는데도 딱 잘라 무시하는 사람밖에 없다면 앞으로도 서로 신뢰하기는 어려울 것입니다. "업무 계획을 다시 세워 보자" "내가 도와줄 수 있는 일은 없을까?" 하고 함께 고민해 주지 않는 회사라면 이쪽에서 먼저 선을 그어야 하지 않을까요.

상담했다가 괜히 약한 모습을 보일 바에는 참는 쪽이 낫다고 생각하는 사람도 있는데, 약점은 부끄러워할 필요가 없습니다. **오히려 약점이나 결점이 알려지더라도 흔들리지 않는 것이야말로 사소한 일에 얽매이지 않고 나답게 살아가는 모습입니다.**

좀처럼 잠이 오지 않고
일어난 뒤에도 개운하지가 않아요

일 때문에 지친 상태라면 몸에 나타나는 위험 신호 중에서도 '수면의 양과 질'을 먼저 체크해야 합니다. 최근 5일간 중간에 깨지 않고 7시간 30분 이상 수면을 취하고 있나요?

한 단어로 뭉뚱그리기 쉽지만 사실 '불면증'은 증상에 따라 네 가지 패턴으로 나눌 수 있습니다.

입면장애 자리에 눕고 나서도 좀처럼 잠들지 못한다.

수면유지장애 잠이 얕으며, 화장실이 급한 것도 아닌데 몇 번씩 깬다. 잠에서 깨면 다시 잠들기까지 시간이 걸린다.

조기각성장애 일어날 시간보다 두 시간 이상 일찍 깬다.

비회복성 수면 푹 잔 것 같은데 아침에 일어나도 개운하지 않고 피로가 남아 있다. 일어나고 싶지만 몸이 말을 듣지 않는다.

여러분은 어디에 해당하나요. 증상이 나타나는 양상을 확인해 두면 의사로서도 더욱 정확한 처방을 내릴 수 있습니다. 그리고 많이들 오해하는데 질병으로서의 '불면증'과 잠이 잘 오지 않는 상태를 가리키는 '불면'은 엄연히 다릅니다.

예를 들어, 중요한 프레젠테이션이나 승진 시험을 앞두고 있을 때는 누구나 잠이 오지 않을 것입니다. 어릴 적 소풍 전날을 떠올리면 됩니다. 이 같은 상태가 2~3일 이어지면 '일과성 불면'이라고 하는데, 병은 아니므로 걱정할 필요 없습니다.

한편 **잠들지 못하는 날이 1~3주가량 이어지면 '단기 불면'이 됩니다.** 이 단계부터는 치료가 필요합니다. 만성적인 스트레스 같은 원인이 있다고 여겨지기 때문입니다. **불면 증상이 한 달 이상 계속되고 일상에서도 육체적·정신적 이상이 나타날 때 '불면증'이라는 병명이 붙습니다.**

불면 상태에 빠지면 의욕과 집중력이 떨어지고, 권태감과 식욕부진에 시달립니다. 그러다 보니 일할 때도 머리가 잘 돌아가지 않아 업무 능률이 떨어지는 사례가 적지 않습니다.

진짜 문제는 '불면증의 악순환'입니다. 잠을 못 자거나 수면의 질이 낮아 피로가 가시지 않으면 '오늘은 잘 수 있을까' '앞으로도 계속 못 자면 어쩌지' 하고 불안이 쌓입니다. 결국 푹 자야 한다는 강박관념이 생기고, 초조하면 초조할수록 정신은 또렷해져서 불면 증상이 심해지는 악순환에 빠집니다. 불면에 대한 공포 때문에 밤이 무섭다는 사람도 있습니다.

불면의 원인에는 여러 가지가 있습니다. 수면 무호흡 증후군과 같은 호흡기 문제나 발작 때문에 자다가 깰 수도 있지만, 갑자기 며칠씩 잠들지 못한다면 스트레스, 불안, 긴장, 불규칙한 생활, 우울증 등의 영향일 가능성이 큽니다.

따라서 잠과 관련해 고민이 있다면 정신건강의학과에서 전문적인 치료를 받으세요.

문진을 통해 잠들지 못하는 이유를 진단하고, 원인을 없애기 위해 평소 생활을 되짚어 봅시다. 그런데도 나아지지 않는다면 약으로 해결하는 방법도 있습니다. 심리치료와 약물치료를 조합해 수면의 질을 높이는 것입니다.

수면제는 끊기 힘들지 않냐고요? 의사의 복약 지도를 잘 따르기만 하면 너무 걱정할 필요 없답니다.

　게다가 고민이나 걱정이 머릿속을 맴돌 때 수면제로 뇌를 한 번 셧다운시키면 일거양득의 효과를 얻을 수 있습니다.

　만약 수면제 말고 다른 방법으로 불면 증상을 해소하고 싶다면 아래 '숙면을 위한 네 가지 방법'을 따라 해 봅시다.

① 욕조에 들어가 느긋하게 목욕을 하거나, 스트레칭으로 근육의 긴장을 푼다. 이는 부교감신경을 활성화해 몸과 마음을 누그러뜨리는 데 도움을 준다.

② 잠자리에 들기 두 시간 전에는 스마트폰과 컴퓨터 전원을 모두 끄고 강한 빛이나 정보로 인한 자극을 멀리한다.

③ 해가 지고 나면 카페인이 든 음료는 마시지 않는다.

④ 일어나자마자 햇빛을 받아 체내 시계를 리셋한다. 아침 햇빛은 약 15시간 뒤 자연스럽게 졸리도록 멜라토닌 분비를 촉진한다.

　길게 적었지만 가장 좋은 치료법은 스트레스를 주는 환경에서 벗어나는 것입니다. 망설이지 말고 의사를 찾아가서 가능한 한 빨리 달콤한 잠을 되찾길 바랍니다.

회사 근처만 가도
속이 울렁거리고 가슴이 뜁니다

"회사가 가까워질수록 숨이 막히고 가슴이 두근거립니다. 심장이 얼마나 크게 뛰는지 스스로 느낄 정도입니다." 이건 드물지 않은 이야기인데요, 덥지도 않은데 식은땀이나 진땀이 나온다는 사람도 있습니다.

이는 아드레날린이 온몸을 흐르고 있기 때문입니다. 아드레날린은 교감신경이 활성화될 때 분비되는 신경전달물질입니다. 힘을 잔뜩 줄 때, 흥분할 때, 욱할 때, 두려울 때 분비량이 늘어납니다.

출근할 때 심장 박동을 스스로 느낄 만큼 아드레날린이 분비되고 있다면, 의욕이 넘쳐서라기보다는 짜증이나 공포나

압박감 등 부정적인 감정 때문이라고 보는 쪽이 자연스러울 것입니다.

이는 위험 신호 중에서도 심각한 축에 속합니다.

어쩌면 불안장애 증상일지도 모릅니다. 회사가 공포나 스트레스의 대상이라면 이러한 반응이 나타날 수밖에 없습니다.

대책은 회사에 도착한 다음 내 상태가 어떤지에 따라 다릅니다.

사무실에서도 두근거림이 심하다면 얼른 병원에 가서 치료를 받습니다. 몸과 마음의 건강을 최우선으로 삼고, 휴직이나 부서 이동 같은 선택지도 고민해 볼 시기입니다. 휴직이나 퇴사를 통해 회사와 물리적으로 멀어지고 나면 언제 그랬냐는 듯 두근거림이나 식은땀 등의 증상이 사라지기도 합니다.

사무실에서는 부쩍 진정된다면 최대한 자극이 덜하고 안정적인 환경에서 출퇴근할 수 있도록 신경 씁니다. 평소 출근 시간보다 좀 더 빨리 나와서 한산한 지하철에 앉아 잠시 눈을 붙이거나 음악을 들어도 좋겠지요. 가사에 집중할 수 있는 노래를 들으며 그 내용에 공감하다 보면 회사에 가까워진다는 압박감에서 잠시나마 벗어날 수 있을지도 모릅니다.

이명도 들리고,
귀가 잘 들리지 않아요

이명이 들리거나 갑자기 귀가 잘 들리지 않는 등 이비인후과 계열 위험 신호도 있습니다.

난청은 고령층의 전유물이라고 생각하기 쉽지만, 급성 저음역 난청은 젊은 사람에게서도 자주 보입니다.

증상으로는 '우웅, 부웅' 하는 낮은 이명이 들리고 이에 따라 저음역대 소리가 잘 들리지 않습니다. 비행기가 이착륙하는 과정에서 기압이 크게 변할 때처럼 귀가 먹먹해지기도 합니다. 그러다 보니 **온종일 귀가 꽉 막힌 느낌이 들어 일에 집중할 수 없다는 사람도 있었습니다.**

대개 20~40대 여성에게서 나타나며, 명확한 기전은 밝혀지지 않았습니다. 과로, 수면 부족, 스트레스가 원인이라고 딱 잘라 말하기는 힘들지만, 어느 정도 관계가 있다고 여겨집니다. 낫고 나서도 피로나 스트레스가 쌓이면 언제든 증상이 다시 나타날 수 있습니다.

한편 연간 3~4만 명*이 걸리는 돌발성 난청은 한창 일할 나이인 40~60대에게서 주로 나타납니다.

돌발성 난청에 걸리면 갑자기 귀가 잘 들리지 않으며, 이명 외에도 현기증과 구토에 시달립니다. 소리를 감지한 다음 뇌로 전달하는 세포가 손상되었기 때문입니다. 손상 원인으로는 혈액 순환 장애, 바이러스의 침입 등 여러 가설이 있습니다. 과로, 스트레스, 수면 부족, 당뇨병도 악영향을 미칩니다.

난청까지는 아니더라도 이명이 심해지거나 현기증이 잦아졌다는 사례도 많습니다. 정신적인 부담이 쌓이다 보면 온몸의 감각이 예민해지기 쉽습니다. 앞서 이야기한 증상이 나타난다면 이비인후과와 더불어 정신건강의학과 치료를 받는 것이 좋습니다.

---

* 일본 기준이다. 우리나라에서는 연간 10만 명당 10명꼴로 걸린다(출처: 서울대학교병원 의학정보).

이런 환자분이 찾아왔을 때 제가 조언하는 말이 있습니다. **"귀와 뇌가 과로에 시달리다 못해 백기를 흔들며 부탁하는 거예요. 더 이상 정보를 받아들이면 큰일 난다고."** 초조해 하지 말고 우선 자기 몸이 하는 말에 귀 기울여 보세요.

술을 아무리 마셔도
취하지 않습니다

'주량이 전보다 는 것 같은데' 그런 생각이 들거든 조심해야 합니다. 술은 적당히 마시기만 하면 아무런 문제가 없습니다. 알딸딸해질 때까지만 마시고 '그래, 내일부터 다시 힘내 보자!' 하고 마음을 다잡는 것이야말로 바람직한 음주 습관입니다.

한편 매일같이 바쁘고 과로에 시달리는 사람은 마음이 보내는 위험 신호를 외면하려고 술에 기대기 쉽습니다.

하지만 주량이 늘었다거나 술을 아무리 마셔도 취하지 않는다면 술이 주는 신경 안정 효과를 상쇄할 만큼 심각한 불안에 시달리고 있을지도 모릅니다.

부정적인 감정 중에서도 '불안'은 매우 힘이 셉니다. 취기에

서 나오는 즐거움이나 행복감을 단번에 날려버릴 정도입니다.

그러다 보면 음주량이 늘고, 산더미처럼 쌓인 빈 병을 보고 스스로 놀랄 만큼 많이 마시기도 합니다.

혹시 밤마다 술의 힘을 빌려 잠든다면 요즘 푹 자고 있는지 되돌아봅시다. 알코올에는 이뇨 효과가 있으므로 술을 많이 마시면 자다가 몇 번이나 일어납니다. 잠이 중간중간 끊기다 보니 숙면 시간이 짧아지고, 그 결과 아침이 되어도 피로가 가시지 않습니다.

알코올의존증으로 악화하는 건 아닐까 걱정도 됩니다. **술이 없으면 잠을 잘 수 없다든지 두근거림이나 불안을 잠재우는 데 술이**

필요하다면 병원에서 상담을 받아 봅시다.

'어쩌면 나도 알코올의존증?' 불안하다면 인터넷에서 'AUDIT-K(The Alcohol Use Disorders Identification Test-Korea)'를 검색하세요. 세계보건기구(WHO)에서 개발한 알코올중독 선별검사입니다. 실제 정신건강의학과 현장에서도 자주 활용한 답니다.

별일 없는데 눈물이 나오고,
좀처럼 멈추질 않습니다

"힘들거나 슬픈 일은 없었어요. 사무실 책상에 앉아 있는데 갑자기 눈물이 나오기 시작하더니 시간이 지나도 멈추질 않는 거예요. 다른 회사로 이직한 뒤로는 그런 일이 한 번도 없었고요. 그때는 대체 왜 그랬을까요?"

어느 회사 상담실에서 30대 직원이 물었습니다.

이는 **오랫동안 강한 스트레스를 받다 보면 나타나는 증상**인데, 널리 알려지지는 않았습니다. 정신적으로 불안정해진 탓에 마음이 지닌 방어본능이 작용한 결과로 여겨집니다. 눈물을 흘리는 행위에는 크게 세 가지 의미가 있습니다.

우선 **마음속 응어리를 정화하는 카타르시스 효과입니다.** 희로애

락, 불안, 고민 등을 눈물로 씻어내 눈물이 그칠 즈음에는 기분이 산뜻해집니다.

눈물은 부교감신경을 활성화하기도 합니다. 자율신경은 교감신경과 부교감신경으로 나뉩니다. 교감신경은 한 마디로 설명하자면 힘내서 일할 때 필요한 '액셀' 같은 신경입니다. 반대로 부교감신경은 편안하게 쉴 수 있는 '브레이크' 같은 신경이지요. 눈물을 흘리다 보면 부교감신경이 우위를 차지하므로 몸과 마음의 긴장이 풀리면서 나른해집니다.

마지막으로는 **주변에 지원을 요청합니다.** 우는 사람을 보면 괜히 시선이 가고 도와주고 싶다는 마음이 듭니다. 이것이 바로 눈물이 지닌 힘입니다.

우는 것은 결코 부끄러운 일이 아닙니다. 오히려 저는 나서서 추천할 정도입니다. 하지만 울고 싶지도 않은데 눈물이 나오는 상황은 무척이나 괴롭겠지요. 남들 눈에 감정을 제어하지 못하는 사람처럼 보이는 것도 껄끄러울 테고요.

"감당하기 어려울 만큼 슬플 때 마음은 '반응하면 더 힘들어질 것 같으니까 못 본 척하자' 하고 뚜껑을 덮어 버려요. 하지만 그동안에도 감정의 응어리는 계속 꾸준히 쌓이고, 어느

덧 뚜껑이 닫히지 않을 정도로 꽉 차면 조그만 비난이나 지나가듯이 건넨 위로만으로도 펑 하고 터진답니다. 그래서 휴식이 필요할 때 우리 몸은 눈물을 흘려서 구석구석을 정화하지요. 매일같이 스트레스를 받아 몸도 마음도 한계에 다다랐나 보네요."

제가 드린 대답입니다. 몸과 마음은 여러분의 눈길이 닿지 않는 곳에서도 애쓰고 있답니다.

지병으로 착각하기 쉬운 통증, 염증, 설사, 무기력증

몸과 마음이 보내는 위험 신호를 알아차리지 못할 경우, 대체로 두통이나 복통 등 통증 계열 신호를 계기로 병원을 찾아갑니다. 이는 **스트레스를 견디다 못한 뇌가 통증으로 여러분의 관심을 끄는 것입니다.**

대부분 처음에는 위험 사인인 줄 모르고 내과로 갑니다. 처방받은 진통제나 치료제를 먹어 봐도 전혀 낫지를 않고, 의사가 "요즘 피곤하거나 스트레스를 많이 받고 있지 않나요?" 하고 물을 때야 무언가 이상하다는 사실을 눈치챕니다.

내과조차 가지 않고 '두통은 원래 있었으니까' '배 아픈 것도 익숙해졌어' '늘 먹던 약 먹으면 괜찮아지니까'라며 스스

로 단정 짓는 사람도 적지 않습니다.

지병과 위험 신호는 구분하기 힘듭니다. 하루하루 일에 치여 자는 시간도 아까운 시기에는 병원에 갈 짬을 내기도 쉽지 않지요.

앞서 설명한 증상이 자주 나타난다면 지병이 맞는지 의심해보고, 캄캄한 터널을 조금이라도 더 빨리 나오기 위해 조퇴나 연차를 써서라도 병원에 갑니다. 통증의 원인이 불확실해 한치 앞도 보이지 않을 때는 불안이나 스트레스가 뿌리내리기 쉽습니다.

통증 계열 외에도 흔히 나타나는 **위험 신호로는 미열이나 가려**

움이나 피부염과 같은 '염증 계열', 배탈로 인한 '설사', 몸이 무겁게 느껴지는 '무기력증' 등이 있습니다.

이들 역시 지병과 헷갈리기 쉬운데, 증상이 언제 어떻게 나타났는지 간단하게 적어 두면 구분할 수 있는 실마리가 됩니다. 스마트폰 캘린더에 표시한 다음, 일이 몰린 시기나 유난히 스트레스를 받은 시기와 관련이 없는지 체크해 보세요.

스트레스, 과로, 수면 부족은 스트레스성 위염처럼 그 자체가 원인일 때도 있지만, 다른 병을 악화하는 요인 중 하나가 되기도 합니다. 이 정도는 노력으로 이겨낼 수 있다며 스스로 다그치지 말고 자신의 몸을 똑바로 마주합시다.

몇 달째 생리를 하지 않고,
탈모가 생기고 피부가 거칠어졌어요

스트레스가 생리불순의 원인이 될 수 있다는 사실은 들어 본 적이 있을 것입니다. 내색은 하지 않지만, 스트레스 탓에 생리가 짧게는 며칠부터 길게는 몇 달까지 늦어진 적이 있다는 사람이 드물지 않습니다.

왜 스트레스가 생리불순에 영향을 미치냐면, 생리 주기 조절도 뇌의 역할이기 때문입니다.

여성호르몬 중에서도 에스트로겐과 프로게스테론이 생리 주기를 관장하는데, 이들은 뇌의 지령에 따라 분비됩니다. 하지만 궁지에 몰렸을 때 뇌는 스트레스 호르몬이라고도 불리는 '부신피질자극호르몬 분비 호르몬(corticotrophin-releasing hormone, CRH)'

의 분비를 촉진해 부지런히 스트레스에 대처합니다. 그러다 보니 뇌의 명령 체계가 헝클어지고 에스트로겐과 프로게스테론 생산이 늦어져 생리불순이 일어납니다.

그동안 생리 주기가 규칙적이었는데 갑자기 1주일 넘게 밀린다거나 심지어 반년 넘게 하지 않는데도 아무 일 없다는 듯 가만히 있는 사람이 있습니다. 저처럼 의료 종사자라면 몰라도 남자 상사에게는 말하기 껄끄럽다거나, 이야기했다가 별일 아니라며 무시당할까 봐 걱정될 수 있겠지요.

확실히 남자 상사로서는 생리불순이 얼마나 심각한 문제인지 이해하기 힘들지도 모릅니다. **그럴 때는 산부인과 진단서를 이용해 자신의 상황을 알리는 방법도 있습니다.**

생리와 관련된 것 외에도, 요즘 들어 피부가 거칠어지고 여드름이 늘었다든지, 머리카락이 우수수 빠진다든지 하는 고민이 있습니다. 이 역시 몸에서 보내는 위험 신호입니다.

겉으로 드러나는 증상이다 보니 주변에서도 금방 눈치채지만, 여자의 외모를 지적해서는 안 된다는 배려심 때문에 굳이 언급하지 않고 못 본 척하기도 합니다.

다른 사람 눈에는 별일 아닌 듯 보여도 당사자에게는 큰일입니다. 자신감이 낮아질 뿐만 아니라 불안감과 초조함 탓에 업무 능률이 떨어질 수 있습니다. 부하 직원이 이러한 문제로 힘들어할 때는 의심하는 대신 넓은 마음으로 이해해 주기를 바랍니다.

감기에 걸렸다 하면 몸져눕고,
금방 낫지 않습니다

"예전에는 감기에 걸려도 약국에서 파는 약만 먹으면 금방 나았어요. 그런데 요즘은 감기에 걸렸다 하면 열이 심하게 나니까 회사를 쉴 수밖에 없더라고요."

"일 년에 한 번 걸리던 것이 한 달에 한 번으로 늘었습니다. 몸이 약하다는 말도 주변에서 자주 듣고요."

"감기가 심한 건 아닌데 좀처럼 떨어지지를 않네요. 기침이나 두통도 계속되고요."

증상의 정도는 사람마다 다르지만 감기라고 해서 얕보면 안됩니다.

감기는 스트레스나 수면 부족 등으로 면역력이 약해졌을 때 걸리기

쉽습니다. 면역력이란 바이러스의 침입을 막고, 침입한 바이러스를 공격해 몸을 지키는 힘입니다.

면역력이 약해지면 바이러스가 피부나 점막과 같은 장벽을 뚫고 체내에 침투하기 쉬워집니다. 공격하는 힘도 약해져 있다 보니 바이러스를 쫓아내는 데 오랜 시간이 걸립니다.

이렇게 공방전을 거듭하는 동안 우리 몸 곳곳에서는 부기, 통증, 발열 등 염증이 일어납니다. 감기도 이 염증에 해당합니다.

간혹 **중요한 프로젝트가 끝나고 한숨 돌릴 때만 되면 감기에 걸리는 사람이 있습니다.** 열일 모드에 돌입해 교감신경이 우위에 서면 바이러스의 활동을 제압할 수 있으므로, 약해진 면역력으로도 아슬아슬하게나마 바이러스를 물리치기도 합니다.

하지만 중요한 일을 마치고 긴장이 풀리면 부교감신경이 활성화되어 몸이 나른해집니다. 이때 바이러스가 공격해서 감기에 걸리는 것입니다.

그렇다면 면역력은 어떻게 높일 수 있을까요.

① 숙면을 충분히 취한다.
② 식사를 통해 질 좋은 단백질, 항산화 작용을 하는 비타민 A·C·E, 장내 환경을 가꾸는 발효식품과 식이섬유를 풍부하게 섭취한다.
③ 취미나 놀이로 스트레스를 해소한다.

일상생활에 꼭 적용해 보세요.

자주 열이 나지만
주변에서는 대수롭지 않게 여깁니다

감기보다 더 놓치기 쉬운 위험 신호가 바로 '미열'입니다.

잠깐 방심하면 미열이 난다든지, 온몸이 무겁고 피곤한데도 주위에서는 '그 정도로 뭘' 하고 대수롭지 않게 여긴다는 고민을 종종 듣습니다. 평상시 체온이 35.5도라 36.8도만 되어도 힘든데 주변에서 이 사실을 이해하기까지 오랜 시간이 걸렸다는 사례도 있습니다.

대개 미열이라고 하면 37.5도를 넘지 않는 발열을 가리킵니다. 체온이 평소보다 높다 보니 우리 몸은 평소보다 많은 에너지를 소비합니다. 따라서 **뭘 하든 금방 지치고, 몸이 뜻대로 움직이지 않습니다. 무기력증, 오한, 식은땀을 동반하기도 합니다.**

미열은 감기를 비롯해 폐렴, 갑상선기능항진증, 기관지염, 류머티즘 등 다양한 병의 초기 증상입니다. 그러다 보니 미열이 며칠씩 이어지면 내과에서 원인을 찾는 사람이 많습니다. '심인성 발열(psychogenic fever)'의 존재가 잘 알려지지 않았기도 하고요.

심인성 발열에는 37.5도에 이르는 미열이 1주일 이상 계속되는 유형이 있고, 긴장하면 갑자기 체온이 40도까지 치솟는 유형이 있습니다.

심인성 발열의 원인은 다름 아닌 스트레스입니다. 어디서 얼마나 스트레스를 느끼는지는 사람마다 다르므로 정신건강의학과에서는 상담을 통해 그 사람의 스트레스 요인을 파악하며 치료를 진행합니다.

한편 발열에 이르는 메커니즘만 하더라도, 심인성 발열은 세균이나 바이러스로 인한 감기와 전혀 다릅니다. 감기에 걸렸을 때처럼 시판 해열진통제를 먹어도 완전히 낫지 않는 것은 그 때문입니다.

미열이 한 달 넘게 이어져 내과, 이비인후과, 성형외과, 신경외과 등을 전전하다가 마침내 저희 병원에 와서는 원인만이라도 알고 나니 마음이 놓인다고 말한 분도 있었습니다. 원인 모를 불안은 스트레스를 악화시킵니다.

스트레스로 인해 열이 나는 '심인성 발열'이 있다는 사실만이라도 알아 둡시다.

아파서 연차를 전부 다 써 버렸는데 그래도 힘들어서 결근을 했어요

여기까지 읽고 내 이야기다 싶은 위험 신호가 한두 개가 아닌 분에게 물어 볼게요.

'결근은 나쁜 일이야' '연차를 다 쓰고 나면 회사를 쉴 수 없겠지' 그렇게 생각하고 있지 않나요?

결근은 돈을 받지 않고 쉬는 것일 뿐, 위법도 무엇도 아닙니다. 무급휴가까지 써야 할 만큼 휴식이 필요하다면 누가 봐도 큰일입니다. 더 위험한 것은 결근을 두려워한 나머지 아픈 몸을 이끌고 억지로 일하는 상황입니다.

"다들 휴가를 쓰지 않고 일하는데 저만 쉬면 앞으로 일하는 데 지장이 생기지 않을까요?"

"휴가나 지각이 잦으면 인사팀에 찍힌다던데."

"무급휴가를 써서 월급이 줄어들면 지금보다 살림이 쪼들릴까 봐 걱정됩니다."

전부 고개를 끄덕일 수밖에 없는 이유입니다.

하지만 이대로 계속 애쓰다가는 몸도 마음도 너덜너덜해질 것입니다. 우선 지금 상황을 전체적으로 살펴볼 수 있도록 일과 회사가 버거워진 시점을 기준으로 자신의 출결 상황을 확인합시다. **특히 '결근 횟수의 패턴'에 주목하세요.**

과로에 시달리는 사람의 출결 상황에는 특정한 패턴이 있습니다. 처음에는 단순히 휴식만을 위해 한 달에 한두 번 연차를 냅니다. 어느새 연차는 바닥을 보이고, 월급이 깎이면 안 된다는 생각에 어떻게든 쉬지 않고 참습니다. 기어이 한계에 다다라 하루 무급휴가를 내고, 주말에 몸져눕는 바람에 월요일부터 화요일까지 연달아 이틀 결근하는 식으로 점차 일수가 늘어납니다. 병원에 가느라 지각과 조퇴가 부쩍 잦아지는 사례도 있습니다.

결근이나 조퇴나 지각이 증가하는 추세라면 지금 나를 둘러싼 환경을 어떻게 바꿀지, 아니면 어떻게 도망칠지 고민할 시점입니다. **결근하느라 월급이 깎일 정도라면 차라리 휴가를 내고 상병수당*을 받는 방법도 있습니다.**

어쩌면 '연차가 떨어지면 끝'이 아니라, '연차가 떨어졌을 때야말로 새로운 출발을 위한 재정비 지점'이 아닐까요.

---

* 상병수당은 업무와 무관한 질병이나 부상으로 인해 일할 수 없게 되었을 때 소득의 일부(최저임금의 60%)를 보전하는 제도로, 우리나라에서는 아직 일부 지역(서울 종로, 경기 부천, 충남 천안, 경북 포항, 경남 창원, 전남 순천)에서 시범 운영 중이다. 2025년부터 건강보험에 가입한 직장인 전체를 대상으로 시행될 예정이다. 자세한 내용은 213쪽 참고.

소견서가 가진 힘을
100% 활용합시다

두통, 위염, 복통, 감기, 이명이나 난청, 생리불순 등 위험 신호
가 나타나면 각 질환에 특화된 전문의를 찾아가 치료를 받기
마련입니다.

혹시 업무량이 너무 많다든지 휴가가 필요하다든지 부서나
직무를 바꾸고 싶다든지 회사에 바라는 점이 있다면 의사에
게 소견서를 써 달라고 부탁한 다음 회사에 제출합시다.

이때 소견서에 스트레스, 과로와의 인과관계나 근로 환경에
관해 제안할 점을 언급해도 좋습니다.

'피로 누적으로 인한 체력 저하. ○주간 집에서 요양할 것'

'수면 부족과 과도한 정신적 부담으로 인한 스트레스성 위염'

'빠른 회복을 위해 부서 이동이 필요할 것으로 보임'

이런 식으로 말이지요.

증상이 과도한 업무량이나 심적 부담과 연관되어 있다는 사실을 명확히 전달하면 회사에서도 이를 고려해 근무 형태를 조율할 것입니다. 사리를 분별할 줄 아는 회사라면 "그동안 많이 힘들었지요? 어떻게 하면 건강을 해치지 않으면서 즐겁게 일할 수 있을지 같이 고민해 봐요" 하고 상사가 나설 테지요.

내과나 외과 등에서는 의사에 따라 소견서에 과로나 스트레스를 언급하는 것을 꺼리기도 합니다. 증상에 영향을 미친다는 사실은 분명하지만, 정신건강의학과 전문의가 아니다 보니 정신적인 면에 관해서는 함부로 진단을 내릴 수 없다고 생각해서입니다.

이럴 때는 **정신건강의학과를 찾아가면 스트레스, 피로, 수면 부족과의 연관성을 명확히 밝힌 소견서를 써 줍니다.** 이것만 있으면 지금 여러분이 처한 상황을 분명히 알릴 수 있고, 회사에 바라는 점을 말할 때도 설득력이 생깁니다.

몸이 힘들다 보면
오히려 마음의 문을 걸어 잠그기도 합니다.

제 4 장

"오늘부로
퇴사하겠습니다!"

야근이일상사

조기 치료야말로
회복과 이직 활동의 지름길

이번 장에서는 제가 정신건강의학과 의사나 산업보건의로서 만난 세 사람의 사례를 소개하겠습니다.

퇴사를 고민하게 된 계기, 몸과 마음을 좀먹던 위험 신호, 선뜻 쉬지 못할 때 제가 드린 조언 순으로 설명합니다. 근무 환경이나 나이대는 다르지만 세 사람 모두 성실하고 친절한 마음씨가 인상적이었습니다.

2, 3장에서 이야기한 위험 신호가 몇 개씩 나타나고 해결책을 따라 해도 낫지 않는다면, 정신건강의학과의 문을 두드려 보세요. 회사에 산업보건의가 있다면 산업보건의와 상담해도 좋습니다.

문제는 증상을 자각하고 나서도 '어떻게든 되겠지' 하고 넘어가거나 바쁘다는 이유로 치료를 미루는 것입니다. 둘 다 병을 키우는 행동입니다.

조기 발견과 조기 치료는 암과 같은 병에서만 중요한 것이 아닙니다. 마음의 병 역시 한시라도 빨리 자각하고 적절한 병원에서 치료받아야 합니다. **증상이 가벼울 때 일찌감치 치료받으면 회복 속도도 빠르고 금방 일상을 되찾을 수 있습니다.**

한편 푹 쉬라는 의사의 말에 괜히 죄책감을 느끼는 사람이 있는데, 그럴 필요 없습니다. 휴식도 치료의 일부입니다. 우리 몸은 쉬어야 낫습니다. 그러므로 의사의 처방을 따르길 바랍니다. 몸 상태가 조금 좋아졌다고 해서 마음대로 약을 끊거나, 반대로 나을 기미가 보이지 않는다고 해서 복용량을 늘려서는 안 됩니다.

휴식을 통해 몸과 마음을 재충전하면 휴직 기간 중에도 이직 활동에 나설 수 있습니다. 실제로 많은 사람이 '전문의와 상담→휴직→휴직 기간 중 이직 활동→이직' 단계를 거쳐 일상으로 돌아가고 있습니다.

제가 휴직이나 이직을 권하면 다들 이직할 회사가 아직 정해지지 않았다는 둥 수입이 없어지면 큰일이라는 둥 이직하더라도 비슷한 상황이 되풀이될까 봐 두렵다는 등 다양한 이유를 들며 주저합니다. 지금부터 소개할 이들도 처음에는 마찬가지였습니다. 하지만 **저는 회사를 그만두고 후회하는 사람을 본 적이 없습니다.**

다들 지금은 건강한 모습으로 일하고 있답니다.

일이 너무 많아서 못 견디겠습니다

30대 영업 사원 A의 사례

이직을 거듭한 끝에 업계에서 이름난 회사에 입사할 수 있었습니다. 처음에는 의욕이 넘쳐 열심히 일했지요. 이직한 회사는 엄격한 실력주의로 굴러가는 곳이었고, 직원들 모두 일에 허덕이는 탓에 사무실 분위기도 어딘지 모르게 냉랭했습니다. 저처럼 다른 회사에서 이직한 사람이 많은데다가 나이도 경력도 제각각이다 보니 인간관계를 쌓기도 쉽지 않았고요.

결국 의지할 사람도, 마음의 여유도 없이 시시각각 결과에 쫓기는 나날이 이어졌습니다. 쉬는 날에도 문의 전화에 대응해야 하는 탓에 일주일 내내 신경을 곤두세워야 했지요.

위험 신호

내일 할 일을 생각하면 잠이 오지 않습니다. 겨우 잠들더라도 1~2시간 만에 깹니다. 수면 부족으로 인해 두뇌 회전이 느려져서 중요한 서류를 깜빡하거나 자잘한 실수를 저지르기 시작했습니다.

수입 걱정은 잠시 접어 두세요

당신에게 드리는 조언 1

A

회사를 그만두려고 하는데요. 가족이 있다 보니 수입이 걱정됩니다.

Dr. 이노우에

회사를 그만둔다고 해서 당장 수입이 끊기지는 않습니다. 아파서 회사를 쉬거나 그만두면 건강보험에서 상병수당*이 나옵니다. 지급금액은 일 43,960원(2022년 기준 최저임금의 60%)입니다. 지급기간은 모형별로 근로활동이 어려운 전체 기간(모형

---

* 우리나라에서는 아직 상병수당이 시범 운영 중이다(2025년부터 전면적 시행 예정). 하지만 질병으로 인한 퇴사일 경우 실업급여를 생각해볼 수 있다. 질병으로 인한 퇴사가 불가피한 이직으로 인정되려면 어떤 요건을 갖춰야 하는데, 우선 업무를 수행하기 어렵다는 의사 소견서가 있어야 하고 근로자가 업무전환이나 휴직을 신청했지만 회사가 거부한 것이 '객관적'으로 입증되어야 한다. 질병으로 인해 퇴사를 고려한다면 고용복지 플러스센터(www.workplus.go.kr)에 문의해 필요한 서류를 미리 확인해 챙겨두는 것이 좋다. 실업급여 실수령 액은 퇴직 전 평균임금의 60% × 소정급여일수로 계산한다. 상한액은 1일 66,000원이며, 하한액은 퇴직 당시 최저임금의 80%다.

1,2) 또는 의료이용일수(모형3)에서 대기기간 일수를 제외한 기간입니다(자세한 내용은 213쪽을 참고해 주세요). 물론 상병수당만으로 살림살이를 유지하기는 힘들겠지만, 그간 모아 둔 돈을 조금씩 꺼내 쓴다면 얼마간 버틸 수 있을 것입니다.

퇴사러의 버팀목이 되어 줄 지원 제도는 6장에서 자세히 다루겠습니다.

자신의 행복이 무엇보다 중요합니다

당신에게 드리는 조언 2

A

꼭 가고 싶었던 회사에 겨우 입사했는데 이렇게 금방 그만둬도 괜찮을까요?

자기 일처럼 기뻐하던 가족들의 모습이 아직도 눈앞에 생생한데…. 가족들이 실망할까 봐 좀처럼 그만둘 수가 없습니다.

Dr. 이노우에

실제로 가족들은 어떻게 생각하는지 물어본 적이 있나요? 가족들이 기뻐한 것은 당신이 좋은 회사에 들어가서가 아니라, 매일 즐겁고 보람찬 얼굴로 출근해서라는 사실을 알게 될 것입니다.

쉬는 날도 없이 힘들어하는 지금 모습을 보면 기쁨보다 걱정이 앞서지 않을까요?

자신의 건강과 가족의 행복을 최우선으로 생각하세요.

퇴사 이후 A의 이야기

A

다섯 달의 휴직 기간을 거쳐 퇴사한 저는 두 달 만에 새로운 직장을 구할 수 있었습니다. 회사를 그만두기 전만 해도 '가고 싶었던 회사에 겨우 입사해 놓고 얼마 못 버티다니 난 쓸모없는 인간이야' 하고 풀이 죽어 있었습니다.

하지만 퇴사하고 보니 그 회사가 저와 맞지 않았을 뿐, 저 자체는 아무 문제가 없었습니다.

목표하는 회사가 나와 맞는지 아닌지 겉으로 드러난 이미지만으로는 알 수 없습니다.

실제로 입사해 보기 전에는 모르는 일이니, 가고 싶었던 회사, 남부럽지 않은 회사라고 해서 나와 맞지도 않은데 아등바등 매달릴 필요가 없습니다.

다른 사람과 함께 병원에 가 봅니다

당신에게 드리는 조언 3

A는 병원에 함께 가 보자고 권유한 가족 덕분에 힘든 상황에서 빠져나올 수 있었습니다.

근심이 많을 때는 혼자서 모든 문제를 끌어안기 일쑤입니다. 그러다 보면 자신의 증상을 객관적으로 보지 못하고 아직은 괜찮다며 참거나 '병원에 가면 회사를 쉬라고 할 텐데' '쉬는 동안 실적 면에서 뒤처지지 않을까' 하고 치료를 망설입니다.

하지만 주변 사람 눈에는 여러분의 머리 위에서 번쩍이는 비상등이 훤히 보입니다. 특히 한 지붕 아래 사는 가족이나 친한 직장 동료들은 평소와 다른 여러분의 모습에 걱정이 이만저만이 아니지요. 내가 믿는 사람의 이성적인 눈을 믿고 병원에 가 봅시다.

혼자 가기 두렵거든 A처럼 다른 사람과 함께 가도 됩니다. 실제로 병원에 있다 보면 직장 상사가 권해서, 혹은 가족에게 이끌려서 오는 사람이 적지 않습니다. 의사로서도 제삼자의 입을 통해 있는 그대로 증상을 들으면, 진단하거나 처방할 때 도움이 됩니다.

의사는 안전줄과 같은 존재입니다. 가늘게나마 이어져 있으면 마음이 한결 여유로워집니다.

초진 결과 생각보다 증상이 가볍고 내원자도 아직 버틸 만하다고 말하면 일주일 더 병세를 지켜봅니다. 일주일 뒤에도 상태가 양호하다면 "그럼 보름만 더 힘내 볼까요?" 하고 기운을 북돋아 줍니다. 물론 증상이 심해서 당장 쉬어야 할 때는 당장 스톱을 외쳐야겠지요. 무엇보다도 필요할 때 언제든지 진단서를 받을 수 있다는 사실은 든든한 안전장치가 되어 줄 것입니다.

그러니까 모든 걸 혼자 판단하려 하지 말고 다른 사람들의 말에 귀기울여 주세요.

안 맞는 사람 하나 때문에 그만둬도 될까요?

20대 사무직 B의 사례

직원 수 10명 남짓 되는 회사에 다니고 있었습니다. 회사 자체는 별문제없었지만, 같은 팀 선배 한 명과 사사건건 맞지 않았습니다. 별것 아닌 일로 트집을 잡지 않나, 같은 실수를 몇 번이나 지적하지 않나, 깔보는 듯한 말투로 일을 시키지 않나….

다른 직원은 그 선배와 잘 지냈기 때문에 '내 노력이 부족한 건 아닐까' 하는 생각이 들었습니다. 하지만 나날이 의기소침해지다 보니 도저히 노력할 수가 없었습니다. 끝내 몸도 마음도 지치고 말았지요. 그런데도 일을 쉬거나 그만둘 수는 없어서 **일하는 데 지장이 없을 만큼만 증상을 가라앉힐 작정으로 정신건강의학과를 찾아갔습니다.**

그때까지만 해도 일손이 부족한 회사에서는 후임이 들어올 때까지 기다렸다가 인수인계를 제대로 해야만 휴직도 퇴사도 가능하다고 생각했습니다.

위험 신호

껄끄러운 선배가 실수를 지적할 때마다 넌더리가 나고 기운이 빠졌습니다. 당시 일을 몇 번이나 곱씹다 보니 정신적으로 피폐해졌습니다. 출근길 지하철 안에서 갑자기 가슴 두근거림이 심해지거나, 눈물이 왈칵 나오거나, 식은땀이 멈추지 않아 난감했습니다.

연차를 내서 5일 연속으로 쉬어 봅시다

당신에게 드리는 조언 1

B

인수인계도 안 하고 갑자기 쉬면 다른 직원이 난처해지지 않을까요? 그러다 보니 몸 상태가 나쁘다는 말조차 꺼낼 수 없습니다. 휴가 마지막 날 저녁 우울해질 걸 생각하면 휴가 자체도 무섭고요….

Dr. 이노우에

황금연휴를 무서워하는 사람은 비단 B뿐만이 아닙니다. 출근하더라도 일이 손에 잡히지 않을까 봐 걱정되거나 연휴 동안 나아진 기분이 도로 곤두박질칠까 봐 불안하기 때문입니다.

주말 이틀을 쉬든, 연차를 내서 닷새를 쉬든 출근 전날 울적해지기는 매한가지입니다. **지금은 회사와 거리를 두고 증상의 추이를 살피는 것이 우선입니다.** 연차를 3일 쓰면 주말을 포함해 5일간 쉴 수 있습니다. 그동안 가슴 두근거림이나 식은땀 같은 증상이 나타나는지 확인합니다.

　몸이 안 좋다는 말을 꺼내기 쉽지 않겠지만, 노동자의 정당한 권리인 연차에 이유는 필요 없습니다.

　이유를 묻거든 딱 잘라 "개인 사정"이라고 대답합시다.

후유

인수인계는 길어도 이틀

B

회사를 나갈 만한 상황이 아니라 휴직하려고 합니다. 하지만
업무 인수인계가 남아 있다 보니 한 달은 더 다녀야 할 것 같
습니다.

144

Dr. 이노우에

닷새간 쉴 때만 해도 잠잠하던 증상이 회사에 돌아가자마자 고개를 내밀기 시작했습니다. 그제야 B도 휴직이 필요하다는 사실을 깨달았습니다. 하지만 업무 인수인계가 남아 있어서 적어도 한 달은 더 다녀야 한다는 것입니다.

책임감이 강하고 성실한 사람은 자신이 고생하는 한이 있어도 절차는 지켜야 한다고 생각합니다. 하지만 그래서야 몇 날 며칠이 지나도 회사를 쉬거나 그만둘 수 없습니다. **애당초 몸과 마음이 지쳤을 때는 인수인계를 평소처럼 제대로 해내기 힘듭니다.**

이때 전문의나 단골 의사를 찾아가면 증상의 경중에 따라 소견서에 "내일부터 자택 요양을 시작할 것"이라고 써 주기도 합니다. 휴직 권고뿐만 아니라 인수인계가 가능한 상태인지 아닌지도 명기할 수 있으므로 의사와 상담해 보세요.

저는 "뇌 기능 저하로 인해 인수인계가 효율적으로 이뤄지지 않을까 우려되므로 사흘 이상 출근하지 않을 것을 권함"이라고 적었습니다.

그리고 소견서는 우편으로 보내도 괜찮습니다. B처럼 성실한 사람은 직접 만나서 주는 것이 예의라고 생각해 아픈 몸을 이끌

고 회사로 향하는데, 그럴 필요가 전혀 없습니다. 지금은 안정
이 필요합니다. 회사에는 전화로 현재 상황을 보고하고 소견
서를 우편으로 보내겠다고 말해두면 됩니다.

도망치더라도 경험치는 쌓입니다

당신에게 드리는 조언 3

B

겨우 한 사람 때문에 회사를 그만둔다는 사실이 마음에 걸립니다. 다른 직원들은 헤어지기 아쉬울 정도로 착하거든요. 다음 회사에는 더 무서운 사람이 있을지도 모르고요.

Dr. 이노우에

인간관계에서 생기는 문제는 대표적인 퇴사 사유 중 하나입니다. 일도 일이지만 인간관계 때문에 고민하는 사람이 그만큼 많다는 뜻입니다.

어느 회사를 가든 나와 맞지 않는 사람이 있기 마련입니다. 당장은 없더라도 언젠가 새로 들어올지도 모르고요. 하지만 이번 일을 통해 **마음에 들지 않는 사람과 어떻게 거리를 두면 되는지** 배웠을 것입니다. 그걸로 충분합니다.

저는 인간관계 문제로 회사를 쉬거나 그만두는 것도 소중한 경험이라고 생각합니다. '고작 그런 이유로 회사를 그만두다니. 이런 버릇이 들어서 앞으로도 툭하면 도망치겠지' 하고 탐탁지 않게 생각하는 사람도 있습니다. 하지만 정신의학 관점에서 봤을 때 이는 사실과 다릅니다. 미련할 만큼 참고 견디는 일은 자해 행위나 마찬가지입니다. 인간은 매머드나 사자 같은 포식자와 마주쳤을 때 싸우는 대신 도망쳤기에 오늘날까지 살아남았습니다. 공포의 대상으로부터 도망치는 방법으로 자신의 몸을 지킨 것입니다.

이직한 회사에도 탐탁지 않은 사람이 있을지도 모르지요. 하지만 경험치가 쌓여 있다면 **'슬슬 그만두자' '일할 때 말고는 거리를 둬야지' '그때 그 사람보다는 낫네'** 하는 식으로 대처할 수 있습니다. 다시 말해 **그 사람과 얼마나 맞지 않는지 확인하고, 관계를 어떻게 이어 가야 좋을지 새로운 관점에서 대책을 세우는 일이 가능해집니다.**

처음에는 한참 망설인 B였지만, 이틀 만에 인수인계를 마친 뒤 휴직에 들어갔습니다. 증상은 서서히 가벼워졌고, 얼마 지나지 않아 이직을 준비할 만한 상태에 이르렀습니다. 5장 188쪽에서도 이야기하겠지만 휴직 기간이라고 해서 구직 활동이 금지된 것은 아닙니다. B도 휴직 3개월째부터 이직을 준비하기 시작했고, 회사를 그만둘 즈음에는 이미 갈 곳이 정해져 있었습니다.

중간 관리직 자리가 부담스럽습니다

∙∙∙

40대 IT 엔지니어 C의 사례

엔지니어로서 최전선에서 일하며 차근차근 경력을 쌓은 끝에 관리직을 맡게 되었습니다. 흔히 말하는 중간 관리직입니다. 상사가 억지에 가까운 지시를 내리더라도 부하 직원에게 전달해야 했지요.

가뜩이나 다른 사람의 잘못을 지적하거나 남을 가르치는 일에 서투르다 보니 부하 직원이 불만을 쏟아낼 때마다 어마어마한 부담감을 느꼈습니다. 그 와중에 자기 일도 제때 해내야 했고요. 위아래로 꽉 끼인 채 혼자 끙끙대는 날이 이어지고, 하루하루 스트레스가 쌓여 갔습니다.

관리직을 내려놓고 싶다고 말해 봤지만 아무도 들어주지 않았습니다. 결국 회사부터 자기 자신까지 모든 게 지긋지긋해지는 상황에 이르렀습니다.

위험 신호

이유 없이 불안하고, 안절부절못하고, 자다가 중간중간 깨는 등 점점 몸 상태가 나빠졌습니다. 언제부터인가 회사가 무서워지기 시작했습니다.

때로는 다른 사람에게 기대어 봅시다

당신에게 드리는 조언 1

C

주변 사람들이 걱정할까 봐 지친 티를 내지 못하겠습니다.

Dr. 이노우에

C는 제가 산업보건의로 있던 회사의 직원이었습니다. 나날이 자신감이 떨어진다며 상담을 받으러 왔습니다. 회사에 산업 보건의가 있다면 주저하지 말고 도움을 요청하세요. **산업보건 의는 다른 의사보다 회사 상황을 잘 압니다. 고민을 털어놓으면 금방 이해하고, 회사에 직접 말하기 힘든 요구 사항을 대신 전해 주기도 합 니다.**

이야기를 듣자니 배려심 있고 착한 사람에게서 흔히 나타나 는 고민이었습니다. 너무 착한 나머지 상사부터 선후배, 부하 직원까지 모든 사람에게 좋은 모습만 보이려고 애쓰는 것이지 요. 원래 일을 잘하는 사람이라 그런지 약한 모습을 드러내거

나 남들 눈에 무능한 사람처럼 보이기를 무서워하는 것 같기도 했습니다.

비단 C만의 이야기가 아닙니다. **몸과 마음에 위험 신호가 나타날 정도로 궁지에 몰렸을 때는 눈치 보지 말고 옆 사람에게 기대는 것이 좋습니다. 일할 때도 되도록 많은 사람의 힘을 빌리고요.** 아무렇지 않은 척 가만히 있는데 나서서 도와줄 사람은 아무도 없습니다. C의 가장 큰 문제는 주변 사람에게 걱정을 끼치지 않으려는 '책임감'이었습니다.

약하고 무르다 해서 눈에 띄지 않게 덮어 두기만 하면 어느새 송두리째 곪습니다.

다행히 C에게는 속마음을 터놓을 만한 동료가 있었습니다. 저는 이렇게 조언했습니다. **"자신이 처한 상황을 솔직하게 이야기해서 언제든 약한 모습을 내보일 수 있는 환경을 만듭시다."** 하지만 한 달 뒤 다시 찾아온 C는 아직 누구와도 상담하지 않았다고 했습니다. 걱정을 끼칠까 봐 두렵기 때문이었습니다. 아니나 다를까 증상은 한층 심해졌고 C는 컨디션이 좋지 않다는 이유로 반차를 내기도 했습니다. 당시 저는 산업보건의로서 이야기를 듣고 있었기 때문에 진료의뢰서를 써서 정신건강의학과에 연결해 주었고 휴직을 권했습니다.

다행히 병원에 대해 편견이 없었던 C는 곧바로 의사를 찾아갔습니다.

입사 순서에 얽매이지 마세요

당신에게 드리는 조언 2

C

직급이 올라가면 부하 직원들을 지휘할 수밖에 없는데, 남에게 지시 하나 내리지 못하는 저 자신이 싫습니다.

Dr. 이노우에

1장 29쪽에서도 이야기했듯이 회사에는 '특유의 분위기'가 주는 위압감이 있습니다. 입사 순서도 이에 해당합니다.

먼저 입사해서 회사 발전에 이바지한 사람에게 높은 자리를 주고 부하 직원 관리를 맡기는 일 자체는 아무런 문제가 없습니다. 실제로 C의 회사에서 지금까지 관리직을 내려놓은 사람도 없었고요.

C는 관리직과 맞지 않는다, 단지 그뿐입니다. 회사가 잘못한 것도, C의 노력이 모자란 것도 아닙니다. '직급이 높아졌으니 팀을 잘 관리해야지' 그렇게 입사 순서로 자신을 옭아맬 필요

가 없습니다.

회사에서는 휴직하는 동안 몸 상태가 좋아지면 언제든 돌아오라고 했지만, C는 관리직에서 **빼 줄 것**을 조건으로 내걸었습니다.

회사에 요구 사항을 당당히 말할 수 있는 것은 C가 가진 장점입니다.
저도 산업보건의로서 회사에 C의 상황을 설명했지만, 오랫동안 이어져 온 규칙을 바꾸기란 쉽지 않았습니다. 산업보건의가 해결책을 제시하더라도 그것을 반영할지 말지는 회사의 결정에 달렸습니다.

C 앞에 회사와 자신의 행복이라는 갈림길이 놓였습니다. 회사의 판단을 들은 C는 퇴직을 택했습니다. 자신의 건강을 지킬 수 있는 환경을 고른 것입니다.

자부심을 느끼며 마음 편히 다닐 수 있는 회사는 어딘가에 분명히 존재하며, 입사의 문도 열려 있습니다.

수입은 다소 적어질지 몰라도 건강은 돈으로 살 수 없습니다. **일은 건강하고 행복한 삶을 위한 수단입니다. 선뜻 결정하기 힘들 때는 '건강'을 기준으로 삼으세요.**

하고 싶은 일이 명확한 사람은 흔치 않습니다

당신에게 드리는 조언 3

C

막상 이직하려니 하고 싶은 일이랄 게 없어서 난감합니다.

이전 회사에서 호되게 당한 경험 때문에 IT 업계는 꺼려지지만, 한편으로는 여태껏 이쪽 일만 해 왔는데 갑자기 다른 일을 할 수 있을지 걱정됩니다.

Dr. 이노우에

하고 싶은 일이 없다고 해서 이상하게 생각할 필요는 없습니다. 주변을 둘러보세요. **하고 싶은 일이 명확하고 그 일로 돈까지 버는 사람은 극소수**에 불과할 것입니다. 휴직 기간 중에 이직을 준비하는 방법에 관해서는 5장에서 자세히 다루겠습니다. C와 같은 상황에서는 '관리 업무를 하지 않아도 되는가' 하나만 염두에 두고 다음 회사를 정하면 될 것입니다.

퇴사 이후 C의 이야기

C

선생님의 조언을 듣고 **'일단 채용 공고를 낸 회사에 찾아가 볼까'**
하고 가볍게 생각하기로 했습니다. 휴직 덕분에 기분이 한결
가벼워지고 판단력이 분명해진 것도 한몫했습니다.

이직하고 나니 입사 순서를 신경 쓸 이유가 없어졌습니다.
어디까지나 한 사람의 플레이어로서 뛸 수 있게 된 것이지요.

무엇보다도 **자신의 적성을 파악한 다음 바라는 점을 전하고, 요구
사항이 수용되지 않을 때는 더 나은 곳을 찾아 떠나는 과정을 경험하
고 나니 자신감이 생겼습니다.**

부정적이면 뭐 어때요.

더 큰 추진력을 얻기 위한 휴식

일이 한가해지면 쉬어야지…
대체 언제?!

참다 참다 회사와 거리를 두기로 마음먹어도 쉬고 싶다거나 그만두고 싶다는 말은 목구멍을 맴돌기만 합니다. 여러분도 '이 일만 끝나면 한가해질 거야' '새로운 직원도 구한다니까 곧 괜찮아지겠지' 하고 자신을 달래며 지레 포기한 적이 있지 않나요.

일에는 끝이 없습니다. 예를 들어, 로봇청소기를 장만해 청소가 수월해진다 한들 자유 시간이 확 늘지는 않습니다.

하나를 끝내면 곧바로 다음 일이 찾아옵니다. 신기술을 동원해 효율이 좋아지더라도 여유가 생기면 새로운 일이 끼어듭니다. 그렇게 빈틈없이 쌓인 일을 겨우겨우 쳐내는 것이 오늘

날 직장인의 모습입니다.

먼저 나서서 멈추라고 외치지 않으면 일은 계속 쌓이기만 하고, 도움을 요청하지 않으면 아무도 구해주지 않습니다. 그리고 '이번 일만 끝나면…' '아직 버틸 수 있어'로 일관하다 보면 언젠가 내 의지와 상관없이 쉬어야 하는 날이 옵니다.

여러분은 회사 후배가 풀 죽어 있을 때 "바쁘니까 쉴 생각 하지 마" 하고 외면하거나, 가족이 고민에 시달릴 때 "민폐 끼치지 말고 일하러 가" 하고 등을 떠밀 건가요?

노력이 나쁘다는 게 아닙니다. 오히려 칭찬받아 마땅합니다. 하지만 건강을 희생하면서까지 노력해야 하는 일은 어디에도 없습니다. 지금까지 한 사람 몫, 그 이상을 해내느라 수고가 많았습니다. 끊임없이 쌓이는 일을 여러분이 전부 짊어질 이유는 없습니다. 에너지가 바닥난 다음 쉬기 시작하면 늦습니다. **기운이 어느 정도 남아 있을 때 쉬어야 회복도 빠릅니다.**

물론 지금 당장 회사를 그만두기에는 마음의 준비가 부족하겠지요. 그래서 이번 장에서는 휴직에 이르기까지 흐름과 휴직 기간을 보내는 방법을 알려드리겠습니다.

쉬고 싶다고 말하기 힘들 때는
의사의 입을 빌리자

몸과 마음이 경적을 울릴 만큼 험난한 회사에서 대뜸 휴직하고 싶다고 말하기는 어려울 것입니다. 왜 쉬는지, 업무 공백은 어떻게 메울지 꼬치꼬치 캐묻는 사람이 있을지도 모르고요.

그럴 때는 망설이지 말고 의사 평계를 대세요.

우선 산업보건의와 상담하거나 정신건강의학과를 찾아갑니다. 167쪽에서 설명할 '상담 첫걸음'도 참고합니다. 상황에 따라 의사가 휴직을 권할지도 모릅니다. 진단을 듣고 자신이 봐도 쉬어야 할 것 같다면 반드시 휴식을 취하길 바랍니다.

진단서는 우편으로 보내도 됩니다. 괜히 직접 주러 갔다가 상황을 설명하거나 사과할 필요가 없다는 뜻입니다.

- 몸 상태가 나빠져 정신건강의학과 진료를 받았더니 의사가 휴직을 권했다.
- 소견서는 내일부터 적용되므로 출근하는 대신 서류만 우편으로 보내겠다.
- 인수인계, 업무 분담 등 회사 업무에 지장을 준 것에 대한 사과.

위와 같은 내용을 전화로 설명한 다음 회사의 대답을 기다립니다.

이때 **연락은 될 수 있으면 전화 대신 메일이나 우편으로** 하고 **의사소통 창구도 일원화**했으면 좋겠다고 이야기해 봅시다.

직접 말하기 힘들 경우, 의사와 상담할 때 소견서에 이러한 내용을 써 달라고 요청해도 좋습니다. 종종 있는 일이므로 의사도 흔쾌히 들어줄 것입니다.

이 사람 저 사람 회사에서 거는 전화를 받아주다 보면 제대로 쉴 수 없습니다. 저도 산업보건의로서 휴직이라는 진단을 내릴 때는 회사에 이러한 점을 꼭 지켜달라고 신신당부합니다.

휴직 기간은 시작되었는데 뭘 해야 좋을지 모르겠다면 담당 의사의

지시를 따릅시다. 174쪽부터 설명할 '휴직 기간 보내는 법'은 실제로 제가 환자분들에게 처방하는 내용입니다. 지금 여러분에게 필요한 처방은 담당 의사가 내릴 테니, 책 내용은 참고삼아 가볍게 훑어보기만 해도 됩니다.

상담 첫걸음 1 _
정신건강의학과 전문의, 심리상담사,
산업보건의

하루하루 일에 치이다 보면 도저히 병원에 갈 엄두가 나지 않습니다. 정신건강의학과에서는 어떤 치료가 이뤄지는지, 상담소와 병원 중 어디로 가야 할지 등 모르는 게 많다 보니 선뜻 움직이기도 힘들고요.

따라서 이번에는 상황별로 누구와 상담하면 좋을지 알려드리겠습니다.

① 정신건강의학과 전문의

정신건강의학과*에서는 우울증, 불안장애, 조현병과 같은 정신질환을 다룹니다.

몸에 나타나는 증상이 심각하고 스트레스가 원인일 가능성이 크다면 상담소보다는 병원을 찾아가는 것이 좋습니다.

다만 병원에서는 환자의 고민을 오랜 시간 차분히 들어줄 수 없습니다. 병원에 따라 다르지만, 진료해야 하는 환자가 많다 보니 환자 한 명당 진찰 시간은 10분 남짓입니다.

② 심리상담사

고민이나 힘든 점을 다른 사람에게 속 시원히 터놓고 싶다면 심리상담사를 추천합니다.

문제에 접근하는 방법이나 사고방식에 변화를 주고 싶을 때 상담사의 한 마디가 큰 힘이 됩니다.

다만 처방을 내리거나 진단서를 써 줄 수는 없습니다.

비용 역시 2021년 기준 건강보험이 적용되지 않으므로 회당 5000엔~1만 2000엔이 듭니다. 상담 시간은 40분에서 1시간

---

* 정신과, 신경정신과 등의 용어가 혼재되어 있다가 2011년 보건복지부에 의해 '정신건강의학과'로 명칭이 변경되었다.

30분 사이입니다.*

　각자 역할이 다르다 보니 정신건강의학과 전문의와 심리상담사가 연계해서 치료하는 사례도 있습니다.

---

*　우리나라 역시 2022년 기준 건강보험이 적용되지 않는다. 상담 시간은 50~60분이며, 비용은 회당 10만 원 내외다.

제5장 _ 더 큰 추진력을 얻기 위한 휴식　169

③ 산업보건의

산업보건의는 회사를 방문해 직원의 건강을 관리합니다. 회사 분위기나 취업규칙을 얼추 파악하고 있으므로 하나부터 열까지 설명해야 하는 병원이나 상담소보다 부담이 덜합니다. 반면 직장 동료나 상사에게 자신의 상태를 들키고 싶지 않은 사람은 찾아가기를 꺼립니다.

사실 다들 문제가 있어서 산업보건의를 찾아오는 것은 아닙니다. 예방 차원에서 상담하기도 하고, 병원에 갈지 말지 조언을 구하기도 합니다. 산업보건의 역시 비밀유지의무가 있으므로 상담 사실이 새어나갈 걱정은 하지 않아도 됩니다.

산업보건의는 증상을 발생시킨 병의 원인을 파악하기 위해 내담자의 이야기를 듣고, 어떻게 행동할지 조언합니다. **회사에 산업보건의가 있다면 우선 산업보건의와 상담하고 그다음 자신의 상태에 따라 병원이나 상담소를 찾아가기를 바랍니다.**

상담 첫걸음 2 _
가장 좋은 병원은 가장 가까운 병원

산업보건의로서 상담하다가 병원에 갈 것을 권하면 "어디가 좋나요?" "잘 아는 병원 소개해 주세요" 하는 질문을 자주 받습니다.

그때마다 저는 이렇게 답합니다. **"처음이라면 집에서 가장 가까운 곳으로 가세요."**

물론 제가 일하는 병원도 좋지요. 하지만 몸과 마음이 지쳐 출근조차 내 뜻대로 되지 않는데 병원에 가느라 시간과 노력을 들이는 것은 바람직하지 않습니다. 병원에 도착하자마자 진이 다 빠질 정도지요. 게다가 힘들게 갔는데 의사 얼굴은 십

분 남짓 정도 본다면 병원에 다닐 의욕이 떨어지지 않을까요.

병원에 다니기 시작할 무렵에는 외래진료 주기가 짧아지므로 더더욱 집에서 가까운 병원을 골라야 합니다.

적어도 석 달은 다녀 보고 나와 맞지 않으면 다른 병원으로 옮깁니다. 석 달간 치료를 받으면서 몸 상태도 어느 정도 좋아졌을 테고요.

요즘은 병원 후기를 모아 놓은 사이트도 있습니다만, 의사 관점에서 보면 내과나 외과를 고를 때는 참고할 수 있을지 몰라도 **환자와 의사 간 궁합이 중요한 정신건강의학과를 고를 때는 썩 도움이 되지 않습니다.**

업계에서 실력이 뛰어나기로 손꼽히는 의사에 대해 '돌팔이'라는 후기가 달리기도 하고, 반대 사례도 자주 있습니다.

따라서 입소문을 맹신하기보다는 집 근처 병원에 가는 것이 좋습니다. 그리고 방송에 얼굴을 자주 비추는 의사라고 해서 반드시 능력이 뛰어난 것은 아니므로 처음부터 굳이 멀리 갈 필요가 없습니다.

저도 책을 내거나 칼럼을 쓰고 있지만, 모든 환자분을 완치로 이끌지는 못합니다.

가끔 저를 '고민과 걱정을 남김없이 지워주는 마법사'처럼 여기는 사람이 있는데, 아쉽게도 마법은 쓸 줄 모른답니다.

휴직 기간 보내는 법 1단계 _
머리를 비우는 휴식기

지금까지 바쁘게 달려온 여러분이라면 휴직 기간을 앞에 두고 어떡하면 좋을지 막막할 것입니다. 정말 온종일 쉬어도 되는 걸까, 불안할지도 모르지요.

'다들 일하는 시간인데 잠이나 자고 있으면 안 되지' '건강을 회복하려면 규칙적으로 지내야 하지 않을까' 하고 생각한 나머지 스스로 엄격한 규칙을 세우기도 합니다. 하지만 굳이 그럴 필요가 없습니다.

휴직 기간 생활 방식은 두 가지 단계로 나뉩니다.
처음에는 머리가 푹 쉴 수 있도록 합니다.

저는 이 단계를 '덮어놓고 쉬는 휴식기'라고 부릅니다.

이 단계에서는 남의 시선을 신경 쓰지 말고 마음 가는 대로 지내는 것이 중요합니다.

사람들과 만나기 싫으면 안 만나도 됩니다.

밖에 나가기 싫으면 집에만 있어도 됩니다.

새벽까지 놀다가 해가 중천에 뜰 때까지 자도 괜찮습니다. 졸리지 않은데 억지로 잠을 청할 필요도 없습니다. 낮잠을 자고 싶으면 언제 자든, 몇 번을 자든 상관없습니다.

밤낮이 바뀌면 증상이 나빠지지 않느냐고들 묻습니다. 우리 몸에는 체내 시계가 있어서 잠시 밤낮이 바뀌더라도 병세가 호전되면 금방 원래대로 돌아옵니다. 이렇게까지 말해도 다들 성실성이 뼛속까지 배어 있다 보니 규칙적으로 지내려 합니다. 다시 한번 말할게요. 마음 가는 대로 지내세요.

온종일 게임만 해도, 멍하니 누워만 있어도 괜찮습니다.

식사도 영양 균형 따위 고민하지 말고, 먹고 싶을 때 먹고 싶은 음식을 마음껏 먹습니다. 시간을 지켜 가며 하루 세 끼 먹을 필요도 없습니다.

자신의 체내 시계를 믿고 몸과 마음이 원하는 대로 지내보세요. 그렇게 마음 편히 지내야 머리도 쉴 수 있습니다.

딱 하나 조심할 것은 술입니다. 병원에서 약을 처방받고 있다면 의사에게서 술을 마시지 말라는 주의를 들었겠지요. 술과 약은 공존할 수 없습니다.

술 말고는 무엇이든 괜찮습니다. 금주로 인한 불만은 다른 취미로 해소합시다.

가족과 함께 살고 있다면 가족의 생활 리듬을 마냥 무시하기는 힘듭니다. 갑자기 생활 방식이 달라진 여러분을 보고 가족들도 당황하거나 걱정할지 모릅니다.

병원에서 돌아오자마자 "의사 선생님이 이렇게 지내래요" 하고 가볍게 말해 두면 좋겠지요.

그런 다음 가족과 함께 지내는 쪽이 마음 편하다면 아침저녁만이라도 같이 먹는 식으로 상황에 맞게 조율해 보세요.

머리가 충분히 쉬었다면 체내 시계가 바로잡히고 생활 리듬도 원래대로 되돌아옵니다.

산뜻한 기분으로 일어나는 날이 많아진다, 몸이 한결 가벼워진다, 이유 없이 눈물이 나오던 증상이 사라진다, 취미를 즐길 여유가 생긴다…. 이렇게 몸과 마음이 긍정적으로 변하는 과정을 느낄 수 있을 것입니다.

이제 '여유로운 휴일 모드'로 전환합니다.

아침 10시쯤 일어나 브런치를 먹고 오후 내내 뒹굴뒹굴하다가 심심하면 쇼핑하러 갑니다. 저녁이 되어 배가 고파지면 밥을 먹고 샤워를 하고 잠자리에 듭니다.

이러한 생활 패턴이 완성되었다면 다음 단계로 넘어갑니다.

휴직 기간 보내는 법 2단계 _
새로운 도약을 준비하는 활동기

애쓰지 않아도 '여유로운 휴일 모드'로 지낼 수 있게 되었다
면 복직을 고민하거나 새 직장을 알아보는 등 슬슬 일할 준비
를 시작해도 됩니다. 다만 조바심을 낼 필요는 없습니다.

**휴직 기간 보내는 법, 그
두 번째 단계에서는 출퇴
근 상황을 조성한 다음 재
활 훈련을 합니다.** 이 기
간을 '활동기'라고 부
를게요. 어떤 병을 앓

든 재활 기간이 제일 힘듭니다. 멀리서 찾을 필요 없이 뼈에 금만 가도 그렇지요. 심적으로 불안정할 때도 이 고비를 넘기는 것이 가장 고됩니다.

활동기에는 아래 세 가지를 특히 신경 쓰세요.

첫 번째는 생활 리듬을 조율하는 것입니다.

드디어 알람시계를 꺼낼 때입니다. 앞서 설명한 '여유로운 휴일 모드'에서 '직장인의 평일 모드'로 옮겨 가기 위해서지요.

우선 회사 다닐 때와 같은 시간에 일어납니다. 하루 세 번 식사 시간도 얼추 정해 둡니다. 기상, 아침 식사, 점심 식사, 저녁 식사. 네 가지 일을 기준점으로 삼고 하루하루 생활 리듬을 조율해 나갑니다.

어느 정도 익숙해진 다음에는 산책하거나 장을 보거나 출근길을 따라 걸으면서 오전부터 몸을 움직입니다.

두 번째는 체력을 회복하는 것입니다.

체력이 없으면 기껏 복직해도 월요일부터 금요일까지 이어지는 회사 생활을 버틸 수 없습니다.

아침부터 지하철역 계단을 오르내리고, 사람들 틈바구니에 끼인 채 흔들리는 지하철에 몸을 맡기고, 저녁 늦게까지 책상 앞에 앉아 있습니다. 가끔 출장도 가지요. 퇴근 시간이 되면 또다시 만원 지하철을 타고 집으로 향합니다. 이 일을 매주 다섯 번씩 되풀이합니다.

알고 보면 직장인에게는 어마어마한 체력이 필요하답니다.

활동기에는 휴식기 동안 떨어진 체력을 되찾는 것을 목표로 삼습니다.

구체적인 방법으로는 요일과 시간을 정해 걷기 운동을 하는 것을 추천합니다. 일주일에 1~3회 옆 사람과 대화하기 힘들 만큼 빠른 속도로 걷습니다. 처음에는 15분을 목표로 삼습니다. 포인트는 비가 오든 햇볕이 내리쬐든 자신이 정한 요일과 시간이 되면 무조건 집을 나서는 것입니다.

걷기 운동 자체가 출근을 위한 연습이기 때문입니다. 더워서, 혹은 비가 와서 출근할 수 없다는 핑계는 사회인에게 통하지 않습니다.

걷기 운동이 익숙해지면 '오전 중 30분 걷기'와 '3시간 이상 외출하기'를 목표로 삼습니다. 도보로 30분 정도 걸리는 곳에 가서 책을 읽거나 쇼핑을 하며 시간을 보내다가 돌아오는 식입니다. 밖에서 무엇을 할지는 여러분 자유입니다.

원래 회사로 돌아갈 계획이라면 매일 아침 정해진 시간에 일어나 채비를 한 다음 사무실 근처까지 가 보는 '출근 시뮬레이션'도 좋습니다.

산업보건의로 일하다 보면 휴직 중인 직원이 무사히 복직할 수 있도록 회사에 도움을 요청하기도 합니다. 회사가 흔쾌히 협조할 경우 실제로 출근해서 동료 직원에게 인사만 하고 돌아오는 것도 괜찮은 훈련법입니다.

세 번째는 사고력과 집중력을 단련하는 것입니다.

이 단계에서는 **업무와 관련된 자료를 활용하면 좋습니다.** 다만 일에 관한 서류나 책을 마주했을 때 두통이나 구토가 일어나지 않는지, 몸에서 거부반응을 보이지 않는지 유심히 살펴봅시다.

업무 관련 자료를 2~3시간 동안 읽고 그 내용을 이해할 수 있다면 사고력과 집중력이 회복되었다고 봅니다. 요약본을 만든다든지 흥미롭거나 궁금한 점을 정리해도 좋겠지요.

공부 장소는 회사 근처 도서관이나 카페를 추천합니다. 회사 근처까지 가는 과정에서 출근 연습도 되고 의자에 앉아 서류를 읽으면서 자신의 집중력을 확인할 수 있습니다.

익숙해지면 시험 삼아 반나절만 집중해 봅니다. 반나절 내내 책상 앞에서 공부할 수 있는 상태라면 복직도 머지않았습니다.

휴직 중이라고 해서
놀러 가지 말라는 법은 없습니다

휴직 중 여행을 떠나는 사람을 보고 "정말 아픈 거 맞아?" 하고 비난하는 이들이 있습니다.

안타깝게도 이는 마음의 병에 대한 이해가 부족하기 때문에 할 수 있는 말입니다.

휴직 중인 사람을 만나고 그들의 이야기를 들어주는 사람으로서 저는 이렇게 생각합니다. **놀러 가고 싶은 마음이 생겼다면 얼**

마든지 가도 된다고요.

노는 데에도 적지 않은 에너지가 필요합니다. 스트레스를 받기도 하고요. 그런데도 놀고 싶은 마음이 생긴다거나 어디론가 떠나고 싶어진다는 것은 기력과 체력이 돌아왔다는 증거입니다. 이때는 노는 것 자체가 회복에 도움을 주므로 마음껏 놀기를 바랍니다.

"일하는 건 안 되고 노는 건 되고?" 그렇게 핀잔주는 사람도 있지만 일로 인한 스트레스와 놀 때 느끼는 스트레스는 하늘과 땅 차이입니다. 당연히 일로 인한 스트레스가 더 크지요. **회복 과정 중에는 '놀 수는 있으나 일하기는 힘들다'라는 구역이 존재합니다. 그 구역을 지나고 있다 해서 손가락질당할 이유는 어디에도 없습니다.** 아직 사회의 이해가 뒤따라오지 못한 것뿐이니 괜히 죄책감을 느끼지 않아도 됩니다.

하지만 어쩐지 뒤가 켕겨서 여행 계획을 포기하는 사람도 많습니다. 이때 제가 제안하는 방법이 있습니다. **우선 토요일, 일요일만 노는 것입니다.**

앞서 '활동기'에 대해 설명했는데, 성실한 사람은 얼른 나아야 한다는 생각에 월요일부터 일요일까지 하루도 쉬지 않고 재활에 힘씁니다. 이를 회사에 다닐 때처럼 '주 5일제'로 전환하고 토요일과 일요일은 쉬는 것입니다.

걷기 운동이나 독서 등 재활 과정이 힘들다 보니 주말에는 온종일 쉬기만 한다는 사람도 많은데, 그래도 상관없습니다. '휴일'이니까 마음 가는 대로 지내세요.

이틀로는 부족하거나 놀러 가고 싶은 곳이 생기면 장기 휴가를 계획해도 좋습니다. 재활에 힘쓰는 한편 즐겁게 노는 것도 잊지 마세요.

다만 여행 사진을 SNS에 올리기 전에는 한 번만 더 고민해 보기를 바랍니다. 올리는 일 자체가 잘못은 아니지만, 사진을 보고 탐탁지 않게 여기는 사람이 있는 것은 사실입니다. 굳이 나서서 꼬투리 잡힐 일을 만들 필요는 없으니까요.

휴직 중 이직을 준비하는 사람이 알아 둘 다섯 가지 포인트

어느 정도 몸 상태가 좋아졌다면 슬슬 이직 생각이 들 것입니다. 동시에 '제대로 일할 수 있을까' '다음 회사에서도 골치 아픈 일에 휘말리면 어쩌지' 하고 불안해지겠지요.

가장 먼저 알아 둘 것은 휴직과 퇴직도 어엿한 성공 체험이라는 사실입니다.

  여러분은 자신의 몸과 마음을 지키기 위

해 결단을 내렸습니다. 쉽지 않은 일인 만큼 스스로 자신감을 가져도 좋습니다. 지금 당장 불안한 것은 어쩔 수 없습니다. 하지만 여러분이 움직이면 길은 반드시 열리게 되어 있습니다.

이번에는 휴직 중 이직을 준비하는 사람이 알아 둘 다섯 가지 사항을 정리했습니다. 이 다섯 가지 사항을 참고삼아, 조급해하지 말고 침착하게 다음 한 발짝을 내딛어 봅시다.

포인트 1 _ 휴직 중이라 해도 이직을 준비할 수 있다

휴직 중 이직을 준비하는 것은 매우 바람직하다고 생각합니다.

'퇴사한 것도 아니고 휴직 중인데 괜찮을까?' 그렇게 생각하는 사람이 많지만, 법에서 금지하는 일도 아닐뿐더러 지금 회사를 너무 배려할 필요도 없습니다.

다만 이직을 준비할 때도 건강이 우선입니다. 이력서를 쓰고 헤드헌터나 지원 회사에 연락하려면 적지 않은 에너지가 필요하므로 **본격적인 준비는 '활동기'부터 시작하세요.**

다음에 갈 회사를 점찍는 과정에서 의욕이 생기고, 마음에

드는 회사를 조사하거나 면접을 보는 과정에서 재활 훈련과 같은 효과를 얻을 수 있습니다.

얼른 새 직장을 구해야 한다는 생각에 마음 졸일 필요는 없지만, 치료와 함께 이직 준비를 병행하는 것은 몸과 마음의 회복은 물론 여러분의 미래에 좋은 효과를 가져다줍니다.

포인트 2 _ 구인 공고 중 관심 가는 부분을 표시한다

이직 준비를 시작하면 가장 먼저 취업 사이트에서 구인 공고를 확인할 것입니다. 이때 구인 공고를 맨 위에서부터 훑어보다가 **조금이라도 관심 가는 회사나 괜찮다 싶은 직종이 있으면 망설임 없이 표시합니다.**

자신의 내면에서 샘솟는 흥미나 좋아한다는 감정은 무척이나 소중합니다. 지금까지 종사한 업종이나 직종에 연연하지 않고 관심 가는 곳에 눈길을 주기만 해도 몰랐던 사실을 깨닫거나 새로운 문을 열 가능성이 펼쳐집니다.

벌써부터 '실패할지도 몰라' '이 나이 먹고 새로운 일에 도전해도 될까' 하고 걱정할 필요 없습니다. 실제로 입사하기 전에는 모르는 일이니까요. 회사나 일이 맞지 않으면 다른 데로 가면 그만입니다.

여기서 명심할 점이 있습니다. **직장을 구할 때 높은 목표나 불타는 열정은 필요 없다**는 사실입니다. 삶의 목적은 건강하고 행복한 생활을 영위하는 것이고, 일은 어디까지나 그 수단 중 하나일 뿐입니다. '무슨 일이 있어도 이 회사에서 일할 거야!' 하고 생각하는 사람은 드뭅니다. 대부분 눈앞에 닥친 생계 문제를 해결하려고 직장을 구합니다. 좋아하는 일을 직업으로 삼으면 금상첨화인데, 이때 좋아한다는 감정은 **'조금이라도 즐길 수 있는 일' 정도면 충분**합니다.

포인트 3 _ 변하지 않는 것에 가치를 둔다

직장을 구할 때는 다양한 조건 사이에서 자기 나름대로 우선순위를 정해야 합니다. 이때 '오래 일하더라도 바뀌지 않는 것'에 가치를 두는 것이 좋습니다.

출퇴근 거리, 기본급 액수, 복리 후생처럼 입사한 뒤에도 이상과 현실 사이에 차이가 생기기 힘든 것을 최우선 조건으로 삼는 식입니다.

자신에게 있어 우선순위가 높은 조건이 충족된 상태라면 힘든 일이 생겨도 '대신 집에서 가까우니까' '월급이라도 많이 주잖아' 하고 넘어갈 수 있습니다.

반면 보람이나 동경처럼 감정과 관련된 조건은 언제 변할지 모릅니다. 눈에 보이는 것, 수치화할 수 있는 것으로 판단하는 쪽이 훨씬 편하답니다.

포인트 4 _ 사람들의 평판에 귀 기울인다

지금 회사가 싫어서 이직을 결심한 사람 중에는 또다시 악덕 회사에 걸릴지도 모른다는 두려움 탓에 옴짝달싹 못 하는 경우가 많습니다.

그럴 때는 각 회사를 둘러싼 사람들의 평판을 살펴봅시다.

인간은 '모르는 것에 대한 공포'를 특히 무서워합니다. 일종의 생존본능이므로 완전히 극복하기는 힘들지요. 하지만 귀신의 집만 하더라도 귀신이 어디서 나올지 알고 있으면 훨씬 덜 무섭습니다.

인터넷에는 여러 이직 관련 사이트가 있습니다. 사이트에 올라온 기업 리뷰와 평점은 여러분의 두려움을 누그러뜨릴 수 있는 보물 같은 정보입니다. 사람들의 평판을 찬찬히 확인해

서 회사 사람들은 어떤지, 야근은 많은 편인지, 자신이 두려워하는 것에 대해 미리 확인해 두면 입사 후에도 도움이 됩니다. **유명한 기업을 조사할 때는 검색창에 자기 이름을 넣어 보는 정도의 가벼운 마음가짐으로 직원들의 SNS나 블로그를 찾아봅니다.** 이때 글 내용뿐만 아니라 글을 올린 시간도 주목하세요. '야근이 잦네' '상사는 좋은 사람인 것 같고' 직원들이 어떻게 지내는지 알고 나면 회사 분위기도 얼추 파악할 수 있을 것입니다.

헤드헌터를 통해 정보를 얻는 방법도 있습니다. 헤드헌터는 지금 회사에 어떤 불만이 있는지, 다음 회사를 고를 때는 무엇을 중시하는지 꼼꼼히 물어본 다음 여러분에게 맞는 회사를 소개합니다. 무료로 이용할 수 있는 곳도 많습니다.

조사했더니 영 찜찜할 때는 지원하지 않으면 그만입니다. '이만하면 뭐…' 하고 타협할 만한 수준이라면 그대로 진행합니다. 무슨 일이 생기더라도 '미리 조사한 정보'를 방패 삼아 가뿐히 넘길 수 있을 것입니다.

포인트 5 _ 이직 우울증에 굴하지 않는다

힘들게 합격해 놓고 '이 회사 괜찮을까…' 하는 불안감에 입사를 포기하는 사례가 있습니다. '이직 우울증' '합격 후 우울증'이라고 검색하면 비슷한 고민에 시달리는 이들을 어렵지 않게 찾을 수 있습니다.

이직 준비에 매달리는 동안에는 이전 회사에서 벗어났다는 안도감이 어우러져 긍정적인 사고가 지배적입니다.

하지만 막상 합격해서 마음이 가라앉고 머리가 냉정해지면 미래를 상상한 뒤 과거와 비교하게 됩니다. '사람들과 잘 지낼 수 있을까' '맡은 일을 잘 해낼 수 있을까' 같은 불안이나 '어쩌면 이전 회사가 더 나은 거 아냐?' 하는 생각이 머리를 스칩니다.

휴직을 통해 회사와 거리를 두면 몸과 마음이 회복됨에 따라 '원래 회사로 돌아가도 될 것 같은데?!' 하고 자신감이 샘솟는 시기가 있습니다.

새로운 환경에 대한 불안이 '이 회사는 글렀다'라는 판단을 가리기 때문입니다.

하지만 지금 여러분을 괴롭히는 불안은 새로운 일에 도전할 때 누구나 겪는, 지극히 당연한 감정입니다. 어디까지나 잠시 스쳐 지나가는 기분일 뿐이지요. 시간이 지나 새로운 회사에 적응하기 시작하면 언제 그랬냐는 듯 사라집니다. 그러니 불안이나 망설임이 생기더라도 감정에 휩쓸리지 말고 묵묵히 견디기를 바랍니다.

물론 혼자서 견디기는 힘드니, **이직 경험이 있는 사람에게 고민을 털어놓거나 조언을 구하는 것도 좋습니다.** 비슷한 경험을 가진 사람과 생각을 공유하기만 해도 공감대가 생기고 한결 안심이 된답니다.

그리고 입사 이후 잠깐은 정시나 정시보다 좀 더 일찍 퇴근할 수 있습니다. **퇴근한 다음 무엇을 할지 생각해 두는 것도 추천합니**

다. 맛집을 탐방하거나 헬스장에 가거나 영화를 보는 등 나도 모르는 사이 쓸데없는 걱정을 하지 않도록 몸을 움직입시다.

이외에도 첫 출근 전까지 여행을 떠나거나 새로운 것을 배우거나 자격증을 따도 좋습니다. 1장 36쪽에서 자신의 축을 세우는 방법으로 소개한 '좋아하는 일과 좋아하는 것' 목록을 활용해 기분을 전환할 수도 있습니다. **여러 가지 방법으로 기운을 북돋우며 다음 단계를 향해 한 발짝 내딛기를 바랍니다.**

행복은 의외로 가까운 곳에 있답니다.

제 6 장

퇴사를 결심했다면 이것만은 알아두자

가장 이상적인 것은
원만한 퇴사

드디어 퇴사를 결심했다면 가장 먼저 할 일은 사직서를 쓰는 것도, 상사에게 면담을 요청하는 것도 아닙니다.

무슨 일이 있어도 겉으로는 원만하게 퇴사한다고 마음먹는 일입니다.

퇴사 사유를 솔직히 말하고 남은 연차를 전부 쓴 다음 웃으며 그만둘 수 있는 회사라면 이 장은 넘어가도 됩니다.

하지만 몸과 마음이 위험 신호를 보내도록 내버려 둔 회사가 여러분을 흔쾌히 보내줄 것 같지는 않습니다. 온갖 이유를 들며 붙잡을지도 모르고 퇴사일까지 괜히 트집을 잡으며 괴롭힐지도 모릅니다.

이번 장에서는 최대한 갈등 없이 퇴사하는 요령을 알려드리겠습니다.

상사와 동료에게 책잡힐 빌미를 만들지 않고, 혹시 비난받더라도 되받아칠 수 있는 장치를 마련하는 것이 중요합니다.

0단계 _
취업규칙을 확인한다

상시 근로자 수가 10인 이상인 회사라면 반드시 취업규칙이 있습니다.

취업규칙에는 근로시간이나 연장근로 규정, 연차 유급휴가, 특별휴가, 퇴직 시 규칙 등이 명기되어 있으므로 미리 확인합니다.

이러한 규칙은 깨알 같은 글씨로 적혀 있기 마련이지요. 따라서 퇴사를 고민하기 전 마음에 여유가 있을 때 읽어 두는 쪽이 좋으므로 0단계로 정했습니다.

따로 받은 기억이 없다면 사무실 내 공용 공간이나 사내 공유 폴더를 찾아보세요. 직원들이 취업규칙을 자유롭게 볼 수 있도록 비치하는 것은 근로기준법에서 규정한 의무입니다. 상사나 담당자에게 취업규칙을 보여달라고 할 때 거리낄 이유가 전혀 없습니다.

이것만은 기억해 주세요. **취업규칙은 어디까지나 그 회사의 규칙이고 사업주의 '요구 사항'일 뿐입니다.** 어긴다고 해서 위법도 아니고, 취업규칙과 법이 충돌하는 상황에서는 법이 앞섭니다.

취업규칙에 "퇴사 시 최소 3개월 전에 통보해야 한다"라는 규정이 있다고 해서 사직서를 제출하고 한 달 만에 퇴사하지 못하냐면 그건 아닙니다.

법률상으로는 회사가 사직서를 수리하지 않더라도 한 달 정도 지나면 효력이 발생하기 때문입니다.

다만 우리의 목표는 원만한 퇴사이므로 가능한 한 취업규칙에 따라 사직서를 제출하는 쪽이 좋겠지요.

하지만 몸과 마음이 피폐해져 도저히 일할 수 없는 상황이라면 당연히 자신의 건강을 우선해야 합니다.

아무리 해도 회사에서 사직서를 수리하지 않으면 사직서를 내용 증

명 우편으로 보내면 됩니다. 마지막 수단으로 퇴사 대행업체라는 것도 있습니다.

앞으로 설명할 단계를 밟아도 회사를 그만두지 못하는 상황이 벌어질지 모릅니다. 그럴 때는 원만한 퇴사를 포기하고 마지막 수단을 꺼냅니다.

1단계 _
회사에서 이해할 만한 퇴사 사유를 만든다

갈등 없이 퇴사하려면 바로 이 1단계가 가장 중요합니다.

포인트는 '회사에서 도저히 손쓸 수 없는 사유'를 만드는 것입니다.

이미 휴직 중이라면 너무 오래 쉬기도 했고 더는 나을 기미가 보이지 않으니 퇴사하겠다고 솔직히 말해도 좋겠지요.

하지만 지금까지 (회사에서 보기에는) 별문제없이 일하던 사람이 갑자기 "근로 조건이 나빠서 그만둡니다" "부장님이 괴롭혀서 못 견디겠습니다" 하고 털어놓으면 사이가 어색해질 수밖에 없습니다.

정 회사의 잘못을 까발리고 싶으면 퇴사를 결심하기 전부터 부서 이동이나 면담을 요청해 자신의 의사를 전합시다. 개선될 여지가 없는 회사를 상대할 때는 묵묵히 원만한 퇴사를 가장해야 헛수고를 피할 수 있습니다.

퇴사 사유로는 결혼, 부모님 병간호, 친구와의 사업을 추천합니다.

- 결혼하기로 한 배우자가 퇴사를 권유한다.
- 부모님이 하는 일을 돕게 되었다.
- 부모님이 편찮으신데 간호할 사람이 나뿐이다.

전부 회사가 참견하기 힘든 가정 문제입니다.

아니면 친구가 설득해서 같이 사업을 시작하기로 했다는 것처럼 **나 혼자만의 문제가 아니라 다른 사람이 얽혀 있다는 사실을 내비쳐도 좋습니다.**

새 직장이 정해졌다는 것도 나쁘지는 않습니다. 하지만 이직을 준비했다는 사실은 회사에 불만이 있었다는 뜻이니 사람에 따라서는 못마땅하게 여길지도 모릅니다. 원만하게 퇴사하고 싶다면 다른 이유를 고민해 봅시다.

앞서 설명한 퇴사 사유는 전부 지어낸 이야기입니다. 하지만 사실 여부를 캐물을 사람은 아무도 없습니다.

혹시라도 들킬까 봐 두렵다면 '회사를 그만둔 다음 파혼했다' '다른 가족이 병간호를 맡게 되었다' 같은 설정만 덧붙여도 감쪽같지요.

물론 거짓말을 한다는 사실이 썩 내키지는 않을 것입니다. 하지만 솔직히 말했다가 회사로부터 미움을 살 바에야 거짓말이 낫습니다.

사직서를 내고 나서도 1~3개월은 출근해야 합니다. 그동안 '어차피 이 회사에는 불만뿐이잖아' '여기 아니어도 갈 곳이 있으니 좋겠네' 하는 태도와 마주하거나 괴롭힘을 당하면, 이미 약해진 마음이 너덜너덜해질 수 있습니다. 그럴 땐 거짓말도 방편 중 하나입니다.

회사에서 손쓸 수 없는 퇴사 사유를 만들면 **회사에 불만은 없지만 주변 상황 때문에 어쩔 수 없이 그만둔다는 식으로 비난을 피할 수 있습니다.**

나보다 먼저 그만둔 사람의 퇴사 사유를 흉내 내는 방법도 있습니다.

회사에 입이 무겁고 퇴사 이후에도 꾸준히 연락을 주고받을 사람이 있다면 퇴사 사유에 관해 상담하거나 "회사에는 이러이러한 이유로 그만둔다고 했지만, ○○ 씨와는 앞으로도 잘 지내고 싶으니까 사실대로 말할게요" 하고 솔직히 털어놓아도 좋겠지요.

2단계 _
마음속으로 퇴사일을 정한다

퇴사 사유를 만들었다면 이번에는 퇴사일을 정합니다.

언제 나갈지 정하는 것은 매우 중요합니다. 퇴사일을 명확히 하지 않은 채 회사에 그만둔다고만 말하면 회사 상황에 따라 퇴사일이 어름어름 미뤄질 수 있습니다.

한편 퇴사일을 드러내 놓고 이야기할 경우 주변에서 괜히 시비를 걸기도 합니다. 마음속에만 고이 담아 두고 취업 규칙에서 정한 시점에

사직서를 제출합니다.

마음속 퇴사일은 빨라도 3개월 뒤가 좋습니다.
물론 인센티브를 받을 때까지 기다렸다가 퇴사해도 되고, 한시라도 더 버틸 수 없는 상태라면 보름만 남겨둘 수도 있습니다.

하지만 저는 여러분이 되도록 연차를 다 쓴 다음 그만뒀으면 합니다. 최근 1년간 연장근로를 입증할 수 있는 자료도 모아 두고요.
연차는 20일 넘게 남아 있기도 합니다. 인수인계를 마치고 연차를 쓰면 3개월은 눈 깜짝할 사이에 지나갑니다. 연장근로 입증자료에 관해서는 210쪽 3단계에서 자세히 설명하겠습니다.

퇴사일을 정하고 나면 마음이 조금은 차분해질 것입니다. 이제 사직서를 낸 다음 마지막 출근 날이 올 때까지 무슨 말을 듣든 한 귀로 흘리며 웃는 얼굴로 일하면 됩니다.

퇴사를 앞두고 다투냐 다투지 않느냐는 결국 인간관계에 달려 있습니다. 옥신각신하다 말고 사직서를 내면 마지막 출근 날까지 우중충한 분위기 속에서 일해야 합니다.

다소 부당하더라도 꾹 참고 어른스럽게 대응해야 혹시 모르는 갈등으로부터 나를 지킬 수 있습니다. 길어도 몇 달 뒤에는 안 볼 사람들이잖아요.

3단계 _
퇴사일 이전 1년간 연장근로 기록을
구한다

퇴사 사유와 퇴사일을 정했다면 퇴사 예정일에서 거슬러 올라가 1년간 연장근로 기록을 구합니다. 9월 말에 퇴사할 경우 전년도 10월부터 9월까지 연장근로 기록을 수집하는 식입니다. 서두를 필요는 없고, 퇴사 전까지 해 두면 됩니다.

　연장근로 기록을 왜 확인하느냐면, 주당 근로시간이 52시간 이상인 경우가 이직 전 1년 이내에 2개월 이상 계속된 경우, 자발적으로 퇴사하더라도 실업급여*를 받을 수 있기 때문입

---

* 고용보험에 가입한 근로자가 실직 후 재취업 활동을 하는 기간에 소정의 급여를 지원하는 제도.

니다.*

연장근로의 제한 위반에 따른 퇴사를 인정받으려면 연장근로 시간을 증명할 수 있는 정식 자료가 필요합니다. 급여명세서를 제출해도 됩니다. 급여명세서에 잔업 시간이 적혀 있지 않거나 급여명세서를 분실했다면 담당자에게 근로 기록을 요청합니다.

퇴근하기 전 회사 시계를 사진으로 찍는 등** 스스로 남긴 기록도 원칙적으로는 인정됩니다.

우울증과 같은 질병으로 퇴사할 경우에도 실업급여를 받을 수 있습니다.*** 질병으로 인한 퇴사가 불가피한 이직으로 인정되려면 어떤 요건을 갖춰야 하는데, 우선 업무를 수행하기 어

---

* 실업급여는 정당한 사유가 없는 자발적 퇴사의 경우 수급자격이 인정되지 않으나, 근로기준법 제53조에 따른 연장근로의 제한을 위반해 주당 근로시간이 52시간 이상인 경우가 이직 전 1년 이내에 2개월(9주) 이상 계속된 경우 정당한 이직 사유로 인정한다. 단, 상시근로자 수 5인 이상 사업장이어야 하고, 근로시간제한 예외 업종이 아니어야 한다. 그리고 주 52시간 이상 근로했다는 것을 입증할 수 있어야 한다.

** 이외에도 출퇴근기록부, 업무 일지, IP 주소와 일시를 확인 가능한 이메일 발송 기록 등을 활용할 수 있다.

*** 고용보험법 시행규칙 별표2의 제9호에서는 "체력의 부족, 심신장애, 질병, 부상, 시력청력촉각의 감퇴 등으로 피보험자가 주어진 업무를 수행하는 것이 곤란하고, 기업의 사정상 업무종류의 전환이나 휴직이 허용되지 않아 이직한 것이 의사의 소견서, 사업주 의견 등에 근거해 객관적으로 인정되는 경우"에 한해 근로자의 개인질병에 의한 퇴사라도 실업급여를 지급 받을 수 있도록 하고 있다.

렵다는 의사 소견서가 있어야 하고 근로자가 업무전환이나 휴직을 신청했지만 회사가 거부한 것이 '객관적'으로 입증되어야 합니다. 퇴사를 결심했다면 덤덤히 해당 서류를 챙기는 것이 좋겠습니다.

아플 때 든든한 내 편이 되어주는 상병수당

건강이 나빠져 휴직이나 퇴사를 하게 될 경우 가장 든든한 내 편은 상병수당입니다.

상병수당이란 근로자가 업무 외 질병·부상으로 인해 경제활동이 불가한 경우, 치료에 집중할 수 있도록 소득을 보장하는 제도입니다.

우리나라에서는 2025년 본 제도의 도입을 목표로 2022년 7월 4일부터 상병수당 시범사업을 시작했습니다. 시범사업 지역은 서울 종로구, 경기 부천시, 충남 천안시, 전남 순천시, 경북 포항시, 경남 창원시입니다.

상병수당은 지원하는 상병의 범위·요건에 따라 3개 모형으로 구분해 지급합니다.

모형1: 근로활동불가 모형 I

질병 유형 제한 없이 일을 하지 못하는 기간 동안 지급, 대기
기간 7일, 보장기간 최대 90일

- 질병·부상으로 8일 이상 연속해 일을 하지 못하는 경우
  상병수당 신청가능
  예〉택배기사, 골절 → 병원에 입원하지 않아도 일을 못하
  는 기간 동안 지급

모형2: 근로활동불가 모형 II

질병 유형 제한 없이 일을 하지 못하는 기간 동안 지급, 대기
기간 14일, 보장기간 최대 120일.

- 질병·부상으로 15일 이상 연속해 일을 하지 못하는 경우
  상병수당 신청 가능

모형 3: 의료이용일수 모형

입원이 3일 이상 발생한 경우만 인정, 입원과 관련 외래 진료

일수만큼 지급, 대기기간 3일, 보장기간 최대 90일

- 예〉택배기사, 골절 → 병원에 3일 이상 입원한 경우에만

  입원, 외래 진료일수 만큼 지급

연차를 다 쓴 뒤 결근이나 휴직을 할 경우 혹시 회사에서 다른 수당이 나오지는 않는지 취업규칙을 확인해 봅시다.

지급금액은 일 43,960원(2022년 기준 최저임금의 60%)입니다. 지급기간은 모형별로 근로활동이 어려운 전체 기간(모형1,2) 또는 의료이용일수(모형3)에서 대기기간 일수를 제외한 기간입니다.

근로활동불가 모형과 의료일수 모형의 상병수당 지원 절차가 조금 다릅니다.

상병수당 지원 절차*

상병수당은 질병이나 부상 등으로 몸 상태가 나빠져 일할 수 없는 상태를 전제로 지급하는 돈입니다. 자신의 상황을 잘 살펴서 요건이 충족된다면 꼭 신청하도록 합시다.**

---

* 자세한 내용과 신청 방법은 국민건강보험공단(https://www.nhis.or.kr)에 문의한다.

** 단, 고용보험 실업급여·출산전후휴가급여·육아휴직급여, 산재보험 휴업급여 또는 상병보상연금, 기초생활보장제도 생계급여, 긴급복지 생계지원 등을 받는 사람이나 공무원·교직원은 지원 대상에서 제외된다.

① 상병 발생

상병수당 지원 요건을 충족하는 업무 외 상병 발생

근로활동불가 모형 ② **진단서 발급**	의료일수 모형 ② **의무기록 등 발급**
시범사업 참여 의료기관을 방문해 사전문답서 작성 후 상병수당 신청용 진단서 발급으로 내용 추가	입원과 입원 연계 외래진료 내역 증빙을 위한 증빙서류와 진료비 납입확인서 등 발급

③ 신청

신청인 또는 그 대리인이 공단에 상병수당 지급 신청

④ 자격심사

신청인의 자격 요건 충족 여부 심사

근로활동불가 모형 ⑤ **의료인증 심사**	의료일수 모형 ⑤ **상병요건 심사**
근로활동불가기간에 대한 심사, 급여지급일수 확정	의료이용일수의 상병요건 충족 여부 심사

근로활동불가 모형 ⑥ **급여 지급과 사후관리**	의료일수 모형 ⑥ **급여 지급 및 사후관리**
근로중단 실적 확인 후 급여 지급	최종 급여지급기간 산정 후 급여 지급

근로활동불가 모형 ⑦ **연장신청**	의료일수 모형 ⑦ **연장신청**
근로복귀 전 질병·부상이 회복되지 않은 경우 수급기간 연장신청 가능	1차 신청 이후에 동일한 상병으로 인해 추가 입원 또는 외래 진료일이 발생하는 경우 수급기간 연장신청 가능

억지로 붙잡는 상사에
대응하는 방법

퇴사 의사를 밝히면 별별 이유를 대며 말리는 상사가 나옵니다.

"지금 그만두면 지금까지 한 노력이 허사로 돌아갈 텐데 괜찮겠어요?" (능글맞은 타입)

"너 같은 게 다른 회사 간다고 잘 지내겠어?" (강압적인 타입)

"부서를 옮겨줄 테니까 좀 더 있어 봐요." (이해해주는 척하는 타입)

이렇게 교묘한 말로 여러분을 흔들어 놓습니다.

능글맞은 타입이든 강압적인 타입이든 이해해주는 척하는 타입이든, 따지고 보면 목적은 같습니다. 바로 여러분을 묶어 두려는 것입니다.

이 시점에서 사직서를 도로 집어넣는다는 선택지도 있습니다. 하지만 **저는 상사의 말에 흔들려 회사에 남는 것은 추천하지 않습니다.**

굳이 반박하자면 지금 그만둔다고 해서 여태 한 노력이 허사로 돌아가지 않습니다. 다른 회사에서도 얼마든지 잘 지낼 수 있고요. 사직서를 내고 나면 왜 갑자기 부서 이동이 쉬워지는 걸까요.

그만둔다고 할 때야 요구 사항을 들어주는 회사는 의심해 봐야 합니다.

여러분이 퇴사를 고민할 만큼 힘들다는 사실을 몰랐거나 혹은 알면서도 대처하지 않았거나, 둘 중 하나입니다. 따라서 잠깐은 업무량을 줄이고 부서를 옮겨주겠지만, 이러한 태도가 언제까지 이어질지는 모릅니다. 얼마 안 있어 원래대로 돌아가면 회사를 향한 불신감은 한층 높아집니다.

여러분을 붙잡는 상사의 말은 임시방편에 불과할지도 모릅니다.

퇴사를 말리는 심리 밑바닥에는 **'나도 일이나 회사 때문에 힘들지만 지금까지 참고 있는데 너만 빠져나가려 하다니, 용서할 수 없다'**라는 생각이 깔려 있습니다. 아니면 **중간 관리자인 자신의 평판을 떨어트리지 않으려고 발버둥 치는 걸지도 모릅니다.**

그러므로 상사가 퇴사를 말리면 "안 그래도 바쁘실 텐데 일을 떠넘겨서 죄송합니다" "○○님 말씀이 다 맞습니다" 하고 한 귀로 흘려야 합니다.

이때 1단계에서 고민한 '퇴사 사유'가 빛을 발합니다. 가족이 부탁해서 퇴사한다는 설정이라면 나는 계속 일하고 싶은데 가족이 통사정해서 어쩔 수 없이 그만둔다고 말할 수 있습니다. 이럴 때를 대비해 퇴사 사유를 차분히 고민해야 합니다.

회사를 그만두겠다고 하면 어떤 상사든 한 번쯤은 말리기 마련입니다.

심각하게 받아들이지 말고 웃는 얼굴로 적당히 넘기는 것이 정답입니다. 회사에서 악착스럽게 붙잡고 늘어질 때 대처하는 방법은 228쪽 '무조건 퇴사하는 방법'에서 소개합니다.

연차를
쓰지 못하게 한다면

208쪽에서 연차는 그만두기 전에 다 썼으면 좋겠다고 말했지만, 회사에 따라서는 선뜻 쉴 수 없는 분위기라 매년 연차가 몇 개씩 남는 곳도 있습니다. 연차가 얼마나 남았는지 알려달라는 말을 차마 꺼내지 못하는 사람도 있습니다.

생각해 보면 여행 계획을 세우거나 무급휴가를 피할 때도 연차가 얼마나 남았는지 확인하지요. 전혀 이상한 일이 아닙니다.

사실 회사에서도 대수롭지 않게 여깁니다. 다만 연차를 잘 쓰지 않는 회사에 다니다 보면 '연차가 얼마나 남았는지 물어보면 퇴사하려는 걸 들킬 텐데' 하고 불안할 수 있습니다. 날 선 말투로 물어보는 대신 슬쩍 지나가듯이 확인합시다.

물론 연차를 신청했을 때 "연차 다 쓰고 퇴사하려는 건 아니지?" "이렇게 바쁜데 휴가를 낸다고?" 하는 식으로 압박을 주거나 애당초 연차 따위는 없었다는 듯 시치미를 떼는 회사도 있다고 합니다.

이러한 상황에서 자신의 권리를 지키고 싶다면 **연차 관련 논의는 메일로 합시다.** 구두로 하면 나중에 말했다느니 안 했다느니 문제가 생기기 쉽지만, 메일 형태로 남아 있으면 결정적인 증거가 됩니다.

"연차가 ○일 남았으니 퇴사일까지 남은 ○일은 연차로 처리해 주실 수 있나요?" 하고 메일을 보낸 다음 회사에서 온 답장을 보관하는 식입니다.

곧바로 고용노동부에 민원을 넣을 수도 있지만, 논의 내용을 서면으로 남기려 하면 회사에서 연차를 내주기도 합니다.

정신적으로 지쳐 회사와 말다툼할 상황이 아니거나, 마지막은 좋게 끝내고 싶고 휴가 없이 버틸 수 있으면 연차를 쓰지 않고 퇴사일을 맞이해도 됩니다. 기업에 따라 미사용 연차를 돈으로 지급하기도 하므로 안 되면 그만이라는 마음으로 물어봐도 좋겠지요.

회사 분위기에 휩쓸리지 않고 연차를 쓸지, 연차를 포기하고 마음의 평화를 추구할지 선택권은 여러분의 손에 있습니다.

대화 내용을 글로 남겨
괴롭히지 못하게 막는다

사직서를 낸 다음부터 연차를 못 쓰게 하거나 갑자기 일을 마구 떠넘기거나 사사건건 트집을 잡기 시작하는 등 괴롭힘을 당하고 있다면 대화 내용부터 상사의 일거수일투족까지 무엇이든 좋으니 글로 남깁니다.

상대방이 말로 넘어가려고 할 때는 **"나중에 다시 확인할 수 있도록 말씀하신 내용을 글로 남기려고 하는데요. 잠시 후 메일 보내겠습니다"** 하고 대꾸한 뒤 지금까지 나눈 대화를 메일로 옮기면 기록이 남습니다.

이는 상대방을 꽤 압박하는 일이므로 원만한 퇴사와는 거리가 멀지만 여러분이 불이익을 당하고 있다면 사정이 다릅니다. 우리 관계는 여기까지라며 선을 긋고 기계적으로 대응합시다.

상대방의 말을 되풀이하거나 거듭 확인해도 압력을 가할 수 있습니다.

"연차는 못 쓴다는 거지요?"

"그 일을 하면 이번 주 연장근로가 12시간을 초과하는데, 그래도 꼭 해야 한다는 거지요?"

상대방의 말을 되받는 방법으로 자신의 말에 뼈가 있다는 사실을 알려주는 것입니다.

이렇게 대처했을 때 한발 물러서는 사람이 있는가 하면 오히려 발끈하는 사람도 있습니다. 그렇다면 서둘러 발을 뺍시다. 그 회사는 완전히 글러 먹었으니까요.

아파서 조퇴하겠다고 말하고는 회사를 나갑니다. 상대방의 말과 행동을 글로 남긴 뒤 그대로 출근하지 않습니다. 놀랐겠지만 그래도 됩니다.

길고 긴 싸움 끝에 여러분의 마음은 한층 단단해졌을 것입니다. 어느 회사를 가든 잘 지낼 수 있을 테지요.

무조건 퇴사하는 방법,
지방고용노동청에 진정 제기

회사가 무서워 그만두고 싶다는 말이 나오지 않거나, 회사의 부조리한 요구에 굴복할 것 같거나, 회사에서 사직서를 받아 주지 않거나, 사직서를 낸 다음부터 괴롭힘을 당하는 등 도저히 견딜 수 없는 상황이라면 **마지막 수단으로 출근을 거부하는 방법도 있습니다.**

이번 장에서 줄곧 이야기한 원만한 퇴사와는 거리가 멀지만, 회사에 나가지 않고 버텨도 퇴사 의사는 효력을 갖습니다. **사직서를 내용 증명 우편으로 보내고 한 달 동안 연차나 무급휴가를 쓰면 더는 출근하지 않아도 됩니다.**

그런데도 회사에서 취업규칙 따위를 들이밀며 퇴사를 인정하지 않으면 망설이지 말고 사업장 소재지 관할 지방고용노동청을 찾아가세요.

지방고용노동청이라고 하면 문턱이 높을 것 같지만, **구청이나 시청에 가듯이 마음 편히 이용할 수 있는 기관입니다.** 선뜻 들어가기 힘든 분위기도 아니고 직원들도 친절하게 상담해 줍니다.

지방고용노동청에서 진행하는 무료 법률 상담을 통해 공인노무사와 상담하는 것도 좋겠지요. 고용노동부 고객상담센터는 전화, 모바일, 인터넷으로도 이용 가능합니다. 무료로 운영되는 노동법률상담소도 있습니다.

진입 장벽이 높지만 변호사나 퇴사 대행업체도 효과적입니다.

퇴사를 결심하는 이유를 보면, 지금까지 많은 사람을 진료해 온 저마저 깜짝 놀랄 만큼 열악한 근무 환경이나 인간관계 문제도 있습니다.

먼저 법을 어긴 쪽은 회사입니다. 이제 자신의 몸과 마음을 갈아 넣으면서까지 참지 마세요.

다른 사람에게 내맡기는 것도 선택지 중 하나입니다.

퇴사를 망설이는 동안
잃는 것 다섯 가지

회사와 실랑이가 길어지다 보면 '그냥 계속 다닐까' 하는 생각이 들지도 모릅니다. 물론 회사에 남는다는 결론도 나쁘지는 않습니다. 하지만 그 판단은 회사와 다투는 동안 몸과 마음이 지친 나머지 자포자기하듯이 내린 것은 아닌가요?

잠시 마음을 가라앉히고, 이대로 계속 일하면 어떻게 될지 떠올려 보세요. 퇴사를 망설이는 동안 우리는 다섯 가지를 잃습니다.

① 건강

스트레스 탓에 숙면하지 못해 몸과 마음이 피폐해집니다. 매일 무언가에 쫓기듯이 사는 한편, 걱정을 떨쳐내고자 술이나 담배 같은 기호식품에 의존하게 되고 식사량이 증가합니다.

집에 틀어박히는 날이 많아져 체중이 늘고 피부가 상하기도 합니다. 분명 지금보다는 건강이 나빠질 것입니다.

② 돈

이직 공백기 동안 돈이 바닥날까 봐 걱정하는 사람이 많습니다. 하지만 나와 맞지 않는 회사를 계속 다니면 돈을 벌어 봐야 밑 빠진 독에 물 붓기입니다.

과음이나 폭식, 무분별한 쇼핑으로 스트레스를 풀다 보면 정신적으로 안정되어 있을 때보다 씀씀이가 커집니다. 지난날을 돌이켜 봐도 지금처럼 돈을 많이 쓴 적은 없을 것입니다.

③ 인간관계

마음의 여유가 사라지면 친구를 비롯한 주변 사람들과 멀어집니다. 친구의 위로도 귀에 들어오지 않고 어떤 때는 성가시기까지 합니다.

그리고 정신적으로 궁지에 몰려 있을 때는 가장 가까운 존재인 가족에게 짜증을 내고 화풀이를 하기 쉬우므로 가족 관계도 어그러집니다.

④ 자존감

회사를 그만두지 못하는 심리는, 당장 도망쳐야 한다는 사실을 알면서도 아무것도 모르는 양 자신을 속이는 것입니다. 그런 자신에게 정이 떨어진 나머지 스스로 벼랑 끝에 서는 사람이 많습니다. 다른 사람에게 구조를 요청하려 해도 친구는 멀어졌고 가족과도 어색합니다. 혼자 고민을 끌어안고 있다 보면 자존감이 떨어지기 마련입니다.

⑤ 시간

밤늦도록 이어지는 근무, 적성에 맞지 않는 일, 어색한 사이를 풀려는 노력, 전부 시간 낭비입니다. 시간을 잃는 것은 내가 하고 싶은 일을 할 수 있는 '미래'를 잃는 것입니다.

건강, 돈, 인간관계, 자존감, 시간. 다시 보니 행복한 삶을 사는 데 꼭 필요한 요소뿐입니다. 스스로 돌이켜 봤을 때 이 다섯 가지가 사라지고 있다면 누가 뭐라 하든 회사를 그만둘 때입니다.

무엇보다도 자기 자신을 소중히 여겨주세요.

소중한 사람이
퇴사를 고민한다면

가족, 연인, 친구 등 소중한 사람이 회사에서 부당한 대우를 받는데도 좀처럼 회사를 그만두지 못한다면 이야기를 잘 들어 준 다음 이렇게 말합시다. **"힘든 일 있으면 언제든 나한테 얘기해"**

이야기를 다 듣지도 않고 그만두라며 부추기거나, 상대방의 감정을 부정하며 입을 막으면 안 됩니다.

아무리 그럴듯한 조언이라 해도 그 사람에게 맞는지 안 맞는지, 조언을 실천할 만한 상황인지 아닌지는 당사자만 알 수 있습니다. 덜컥 그만두기보다 얼마간 쉬는 쪽이 더 나을 때도 있습니다.

조언보다는 '언제든 네 곁에 있을게' '부정적인 이야기라도 괜찮아' 하고 진심을 전하는 것이 중요합니다. 몸과 마음에 나타나는 위험 신호가 한둘이 아니라면 같이 병원에 가 보자고 달래도 좋겠지요.

더군다나 가족이라면 같이 있는 시간이 길다 보니 "회사는 어때?" "몸 상태는 좀 어때?" 하고 물어보고 싶은 마음이 굴뚝같을 것입니다.

다만 마음이 불안정할 때는 "어때?"라는 질문에 답하기가 힘듭니다. '오늘은 괜찮지만, 내일은 또 어떨는지' '지금 괜찮다고 말하면 내일도 괜찮아야 하겠지?' 하고 불안해집니다.

이럴 때도 **"무슨 일 있으면 언제든지 말해. 먹고 싶은 거 하고 싶은 거 뭐든 괜찮으니까. 힘이 되어 줄게"** 하고 말해 주세요.

회사나 병에 관한 이야기뿐만 아니라 일상생활에서도 무슨 일이든 받아 줄 수 있다는 자세를 보이는 것이 매우 중요합니다.

이 책에서도 자신의 감정을 받아들이는 것부터 시작해 위험 신호 감지, 실제 회복 사례, 휴직, 퇴사 순으로 단계를 밟아 설명했습니다.

성급하게 답을 내리는 대신 천천히 시간을 두고 고민과 마주하면서 상대방의 감정을 존중해 주길 바랍니다.

나오며

그만둘까 말까, 퇴사의 갈림길에서 고민하는 분들을 위한 메시지는 여기까지입니다. 저는 산업보건의이자 정신건강의학과 전문의로서 이 책 전체에 걸쳐 "힘들 때는 회사를 그만둬도 됩니다" "퇴사는 생각만큼 대단한 일이 아닙니다"라고 이야기했습니다. 아무쪼록 여러분이 자기 자신을 지키는 데 필요한 답이 되었으면 하는 바람입니다.

책을 덮기 전에 잠깐만 기다려 주세요. 이번에는 주제를 바꿔서 '회사를 그만두면 안 되는 사람'에 대해 이야기하겠습니다. 다시 말해 '회사를 나갈 마음이 전혀 없지만, 그만둬야 한다는 생각에 사로잡힌 사람'입니다.

직급은 높아지는데 일이 쉽게 느껴지지 않거나 어떤 일을 계기로 자신감을 잃어버리면, '회사를 위해서라도 나는 그만둬야 해' '나 같은 인간은 다른 직원에게 폐만 끼칠 뿐이야'

하고 부정적인 감정에 휩싸입니다. 그러다 보면 회사를 그만둬야 한다는 생각이 슬슬 고개를 들이밀지요.

그렇게 자기 비하를 되풀이한 끝에 어느새 퇴사가 답이라는 생각에 사로잡힙니다.

혹시 '내 이야기인데' 싶다면 잠시 머리를 식히고 자신의 상황을 돌이켜 보세요.

지금 그만두고 싶다고 생각하는 것은 일시적인 감정에 휩쓸려서는 아닌가요?

자존감이 떨어진 탓에 자포자기하듯이 내린 결론일지도 모릅니다. 그렇다면 지금은 회사를 그만둘 때가 아닙니다.

사실 중요한 터닝 포인트를 맞이했을 때도 자신감이 떨어집니다. 이때 자신에게 무엇이 부족한지 파악하고, 어떻게 극복할지 고민해야 한 단계 더 성장할 수 있습니다.

'회사를 위해서라도 나는 그만둬야 해' 이러한 생각이 드는 것은 자신감이 부족하기 때문입니다. 건강한 직장인 대부분은 그런 생각을 하지 않습니다.

어떤 일이든 이유와 의미가 있습니다. 일이 계속 주어지고 있는 한, 당신은 회사에 있어 마땅한 사람입니다.

한 가지 더 물어 볼게요. **당신은 지금 회사에서 '하고 싶은 일'을 하고 있나요?**

만약 그렇다면 지금은 회사를 그만두지 않는 쪽이 좋습니다. 직장인 대다수가 "내가 하고 싶은 일이 무엇인지 모르겠다" "하고 싶은 일이 없다" "일은 돈을 벌기 위한 수단일 뿐"이라고 말합니다. 이러한 현실 속에서 내가 하고 싶은 일이 무엇인지 알고 그 일에 종사하는 것은 만족감과 성취감을 높이는 데 도움을 줍니다.

여러분과 같은 환경에서 일하는 사람은 손에 꼽을 정도입니다.

물론 **하고 싶은 일을 할 수 있는 회사라 하더라도 근무 환경이 가혹하거나 나와 맞지 않는 사람이 있다면 다른 직장을 찾기를 추천합니다.** '하고 싶은 일'과 '근무 환경'을 저울에 달았을 때 누가 봐도 '근무 환경의 부정적인 요소'가 무거울 경우, 다른 회사에서 새롭게 출발하면 그만입니다.

자신이 무슨 일을 하고 싶은지 잘 아는데다가 경력도 충분히 쌓았으니 너무 겁낼 필요 없습니다.

여기까지 '사실 회사를 그만두면 안 되는 사람'을 향한 조언입니다.

한편 이 책에서 주로 다루는, 일이나 인간관계에 치여 퇴사를 고민하는 분들에게는 다시 한번 강조하고 싶습니다. **인생은 단판 승부가 아닙니다.**

"여기서 실패하면 인생 끝이야"
"다른 데라고 뭐 대단한 줄 알아? 여기서 못 버티면 다른 데서도 똑같아"
진부하지만 묘하게 설득력 있는 말이지요. 하지만 여기에는 아무런 근거도 없습니다. 여러분을 묶어두려는 그럴듯한 거짓말에 불과합니다.
주어진 상황에서 열심히 노력했는데도 결과가 뒤따르지 않을 때는 리셋 버튼을 누르면 됩니다. 재부팅 따위 몇 번이든 할 수 있습니다. '회사를 박차고 나오다니, 이번 생은 망했어'
신체적으로, 정신적으로 궁지에 몰리다 보면 누구든 그렇게 생각하기 쉽습니다. 하지만 이는 사실과 다릅니다.

무엇보다 중요한 것은 자신의 건강과 행복입니다. 앞으로 행복한 삶을 보낼 수 있도록 올바른 선택을 내리기를 바랍니다. 여기서 말하는 올바른 선택이란…. 이 장을 읽는 여러분에게는 굳이 더 말할 필요 없겠지요.

지금 회사에서 더는 못 버티겠다는 생각이 들었다면 망설이지 말고 리셋 버튼을 누르세요. 그 버튼은 여러분을 새로운 삶으로 이끌어 줄 것입니다.

마지막으로 의사는 증상을 치료하고 병을 예방하는 것에서 그치지 않고, 더 나아가 어떻게 해야 눈앞에 있는 사람이 행복한 삶을 보낼 수 있을지 고민해야 한다는 사실을 가르쳐 주신 고쿠부병원 기노시타 히데오 선생님께 깊은 감사 인사를 전합니다.

이노우에 도모스케